UM SIM PARA SEMPRE

Direção geral: Fábio Gonçalves Vieira
Capa: Rafael Félix
Preparação, diagramação e revisão: Decápole/Bruno Castro

Este livro segue as regras da Nova Ortografia da Língua Portuguesa.

Editora Canção Nova
Rua João Paulo II, s/n – Alto da Bela Vista
12 630-000 Cachoeira Paulista – SP
Tel.: [55] (12) 3186-2600
E-mail: editora@cancaonova.com
loja.cancaonova.com
Twitter: @editoracn

ISBN: 978-85-7677-875-2

Leandro Gavioli

UM SIM PARA SEMPRE

Segredos para um matrimônio feliz

Canção Nova
EDITORA

DOM RICARDO BRUSATI
BISPO DA DIOCESE DE JANAÚBA-MG

CANTAREI A MISERICÓRDIA DO SENHOR

Janaúba, 19/03/2016
Solenidade de São José

IMPRIMATUR

Na certeza que o Livro ajudará muitas famílias a crescer no amor misericordioso e na formação plena dos filhos, concedemos o

IMPRIMATUR

à obra do Leandro Gavioli dos Santos:

"UM SIM PARA SEMPRE"

Com minha gratidão e benção.

BISPO DOM RICARDO BRUSATI DE JANAÚBA (MG)

Ricardo Guerrino Brusati

Dom Ricardo Guerrino Brusati
Bispo de Janaúba, MG

Rua Pio XII, nº 331 - Cx. P. 56
CEP: 39.440-970 - Janaúba-MG
Tel.: (38) 3821.6922 | Fax (38) 3821.3491
Email: brusati.ricardo@gmail.com

Sumário

Apresentação

CONHEÇO O LEANDRO há muito tempo, quando ele ainda estava na Canção Nova, como consagrado. Da mesma forma conheci sua esposa, a Fábia, também consagrada, que inclusive ajudou-me um tempo durante o programa *Escola da Fé*. Minha esposa, já falecida, e eu fomos padrinhos de casamento desses jovens cheios de amor e alegria. Foi uma cerimônia muito bonita na capela da Casa da Canção Nova em Lavrinhas.

Leandro e Fábia são um casal que sempre primou pela seriedade em sua vida profissional e espiritual. Agora são casados e pais. Por motivos de vocação, preferiram deixar a Comunidade Canção Nova para servirem a Deus como família de Deus na sociedade.

Neste livro, Leandro escreve sobre a vida deles, mostrando as dificuldades, lutas, belezas e momentos difíceis de um casamento.

É um livro de testemunho conjugal de um casal unido no amor de Deus, mas que não deixa de ter as suas dificuldades; por isso, é um livro que pode ajudar outros casais a se prepararem bem para o namoro, noivado e casamento, segundo a vontade de Deus.

Leandro escreve tudo lastreado em sua vida espiritual, norteando-se rigorosamente nos ensinamentos da Igreja, o que é muito bom.

Ele começa com uma bela reflexão do Papa Francisco sobre a beleza do casamento segundo o plano de Deus.

Como o Leandro sempre foi um rapaz de oração, meditação e estudo das coisas de Deus, apresenta neste livro reflexões edificantes sobre muitos aspectos da vida conjugal. Ele trata da questão do Matrimônio como uma vocação, um chamado para construir o outro e os filhos, destacando a primazia do amor na vida conjugal; amor este como o que Jesus tem pela Igreja e que o levou a entregar-se na Cruz por ela (cf. Ef 5,25).

É esse amor que faz com que o casal seja o que Deus quer, "uma só carne" (cf. Gn 2,24), crescendo e se multiplicando (cf. Gn 1,26), de modo que nada neste mundo pode separá-lo, somente a morte. Esse amor simboliza o Amor eterno que Deus tem pela humanidade, e que cada casal expressa de maneira mais intensa e profunda pela união dos seus corpos como expressão esponsal.

Leandro aborda esse aspecto importantíssimo para o casal, que é a harmonia sexual, o sentido profundo do sexo como a "liturgia do amor conjugal", em que os pais exercem o dom precioso da paternidade recebida de Deus, dando vida a novas vidas, a novos filhos de Deus, "cidadãos do céu" (cf. Fl 3,20).

Mas Leandro não deixa de mostrar também as dificuldades que o casal encontra para viver a harmonia conjugal, as dificuldades que cada um traz em sua individualidade e que às vezes, mesmo sem querer, ferem o outro. Mas aí entra o bálsamo do amor, do perdão, da compreensão, da grandeza de alma, que tudo suporta, tudo crê, tudo espera e que não passa jamais.

A vida de casados é uma bela caminhada; não se trata de uma "curtição a dois", mas de uma linda e difícil missão a ser cumprida a dois diante de Deus. Ser fiel ao cônjuge e aos filhos é ser fiel Àquele que os uniu, para que cada um faça o outro crescer.

Leandro mostra que saber conviver com os defeitos do outro é uma escola de amadurecimento e de santidade, um caminho em busca da perfeição cristã, que nos prepara para ser bons pais e educadores dos filhos.

Também a espiritualidade conjugal é destacada, nesta obra, como algo fundamental para que o casal possa cumprir a vontade de Deus para eles.

"Sem Mim nada podeis fazer" (Jo 15,5), disse Jesus aos Apóstolos na Santa Ceia. Leandro mostra como marido e mulher podem e devem sempre orar juntos, alimentando a alma com a santa Palavra de Deus, com a vida sacramental – especialmente com a Eucaristia e a Confissão – e, sobretudo, colocar Cristo "no centro do lar", no coração da família, fazendo-a girar sempre em torno de Sua Pessoa divina que a alimenta, assiste e acompanha. E nunca se esquecer Daquela que tudo pode, não por natureza, mas por graça, a Virgem Mãe de Deus e nossa, a Mãe das famílias.

Este livro pode ajudar casais a refletirem profundamente sobre o que é a vida conjugal segundo o plano de Deus. É de grande importância neste dia em que a família, a base de todo o plano de Deus para a humanidade, é tão ameaçada, atacada e destruída por anti-valores cristãos. Infelizmente, muitos casais experimentam a amargura de uma separação porque não se prepararam como Deus quer para exercer o papel singular de pai, mãe, esposo e esposa.

Que Deus abençoe este livro para que dê muitos frutos de salvação, e que a bênção copiosa do Senhor esteja sobre o Leandro, a Fábia e seus filhos.

Prof. Felipe Aquino
Lorena, 30 de maio de 2014

Introdução

A sagrada Escritura abre-se com a criação do homem e da mulher à imagem e semelhança de Deus e fecha-se com a visão das "núpcias do Cordeiro" (Ap 19). De um extremo a outro, a Escritura fala do casamento e de seu "mistério", de sua instituição e do sentido que lhe foi dado por Deus, de sua origem e de seu fim, de suas diversas realizações ao longo da história da salvação, de suas dificuldades provenientes do pecado e de sua renovação "no Senhor" (1Cor 7,39), na nova aliança de Cristo e da Igreja.
(CIC 1602)

A FAMÍLIA É DOM DE DEUS; Ele é o autor do Matrimônio. É Ele quem chama cada homem e mulher a essa vocação maravilhosa de constituir uma família. E justamente por causa da grandeza dessa vocação, Cristo quer estar presente em cada lar, junto à missão de cada casal, para lhe robustecer com a sua graça, renovando a cada dia a esperança e o amor em seus corações. Por isso, elevou o amor entre o homem e a mulher à condição de Sacramento.

Vivenciar o Sacramento do Matrimônio é ter a certeza da presença de Cristo na vida do casal; é olhar para Ele, para o seu amor fiel e incondicional pela Igreja e seguir seus passos. Deus quer que cada casal seja no mundo um sinal do amor entre Cristo e a Igreja, e esse mistério, como diz São Paulo, é grande. Só há um meio de construir uma família sólida, viver um Matrimônio feliz e ser no mundo um sinal: firmando as bases em Deus.

De fato, ao dar o nosso sim diante de Deus no altar, nenhum de nós sabia o que iria enfrentar na vida de casal e em família, quais seriam as alegrias e tristezas, por quais vitórias e por quais derrotas passaríamos, quais seriam os desafios próprios dessa vocação e missão. A única certeza que tínhamos naquele momento era o amor um pelo outro, a confiança de estarmos entregando a nossa vida ao Senhor, e de que Ele caminharia conosco até o fim dando-nos o seu amor, fazendo-nos mais fortes.

E, de fato, por quantas provas você já passou, por quantas eu já passei, e por quantas ainda iremos passar! Estamos construindo a nossa história; não sabemos tudo, nem temos todas as respostas, mas no coração existe a fé, a gratidão a Deus que não nos deixa sozinhos, e que nos ajuda a transpor barreiras, nos faz crescer nas adversidades, purificando o nosso amor e nos fazendo mais fortes. Dia a dia estamos aprendendo a ser uma família de Deus.

Não tenho dúvida de que fiz a melhor escolha da minha vida quando decidi me casar com a Fábia, minha esposa. Ela é a mulher que Deus fez para mim e colocou ao meu lado para ser minha companheira. Juntos, eu e ela temos colhido em nossas vidas os frutos de uma família que busca obedecer e crescer na Vontade do Senhor, recebendo Dele a força e a graça necessárias para realizar a nossa vocação dia a dia.

Temos dez anos de casados e três lindos filhos: Maria Júlia, João Pedro e João Vítor. Já passamos por inúmeras dificuldades ao longo desses anos, como todo o casal que quer ser fiel ao sim dado no altar diante de Deus. Mas, ao olhar a nossa história, percebemos o quanto a mão de Deus nos sustentou e nos guiou, dando-nos força para superarmos as dificuldades e para crescermos no amor, vivendo o nosso compromisso de um sim para toda a vida.

Dedico este livro a cada casal que, como nós, decidiu construir a sua vida em Deus, obedecendo a sua Palavra e seus ensinamentos. Que Ele fortaleça a todos, reencaminhe e confirme o sim de cada casal e os faça fiéis.

É possível ter famílias santas, que lutam neste mundo para fazer a vontade de Deus, que vivem sua vocação com alegria e simplicidade, fazendo da missão que receberam como esposos e pais, um caminho de santidade que os leva ao céu. Que este livro encha você de alegria e perseverança para viver o seu Matrimônio no Senhor e, assim, edificar sua casa sobre a rocha que é Jesus. Consagro-o à Sagrada Família de Nazaré, para que produza muitos frutos na vida daqueles que o lerem.

"Acreditar na família é construir o futuro" (São João Paulo II).

Leandro Gavioli
Janaúba, 1º de julho de 2014

Não tenham medo

Na cultura do provisório, do relativo, muitos pregam que o importante é o curtir o momento, que não vale a pena comprometer-se por toda a vida, fazer escolhas definitivas, "para sempre", uma vez que não se sabe o que nos reserva o amanhã. Em vista disso eu peço que vocês sejam revolucionários, eu peço que vão contra a corrente; sim, nisso peço que se rebelem contra essa cultura do provisório que, no fundo, crê que vocês não são capazes de assumir responsabilidades, e amar de verdade.
(Papa Francisco)

O papa Francisco, no dia quatorze de fevereiro de 2014, dia de São Valentim, padroeiro dos namorados, teve um encontro especial com mais de 25 mil noivos no Vaticano e falou-lhes sobre a alegria da escolha definitiva, dizendo-lhes:

> Queridos jovens, não tenham medo de casar. Um casamento fiel e frutífero lhes trará felicidades; é possível viver o "Sim" do Matrimônio para sempre.

De fato, hoje há muitas pessoas que acham difícil comprometer-se e tomar a decisão definitiva de amar para toda a vida. Estamos vivendo nessa cultura do provisório, que tem invadido a vida e o relacionamento de tantas pessoas, fazendo com que se distanciem cada vez mais do sentido verdadeiro do amor e fiquem só com a busca pelo prazer.

Por isso, de fato precisamos nos questionar sobre o que entendemos por amor. Amor é só sentimento? Ao olharmos para o projeto de Deus para o Matrimônio, vemos que somos chamados por Ele a entrarmos num mistério profundo de unidade e amor, que acontece no cotidiano da vida de cada casal. Porém, sabemos que não é tão simples assim; a vida de um casal é exigente e, justamente por isso, muitos acabam não adentrando nesse mistério, vivendo às margens do que realmente Deus sonhou para o Sacramento do Matrimônio, por parar apenas no exterior de cada pessoa.

Deus quer que o amor de marido e mulher cresça constantemente e que, mesmo passando por dificuldades, se apoiem Nele, pois assim como o amor de Deus é estável para sempre, Ele quer o amor do casal também o seja.

Assim é a beleza da família que vai se construindo no dia a dia; ao olhar para minha família vejo o quanto ainda somos falhos, o quanto erramos mesmo querendo acertar, mas ao mesmo tempo o quanto nós nos amamos e o quanto estamos entendendo o que realmente é o amor a partir da vivência do ser família no nosso dia a dia.

Quem para nas primeiras dificuldades, quem quer viver um "amor de novela", de ilusão, jamais vai entender o verdadeiro sentido do amor.

O amor nos amadurece como seres humanos, ele nos faz romper barreiras, vencer a nós mesmos, nossos medos e egoísmos, nosso isolamento e fechamento, nossas mágoas e rancores. O amor nos abre para o outro e nos faz alcançar a grandeza da vocação que recebemos de Deus. O amor de fato nos leva a gastar a vida pela pessoa amada.

E, de forma especial, isso acontece no dia a dia de cada casal. A vida mesma se encarrega de apresentar situações que os chamam a crescer e a aprofundar o seu amor. Estamos construindo um lar; a casa ainda não está pronta, e é justamente nessa jornada diária, diante das dificuldades que vão aparecendo, que nós vamos – ora acertando, ora errando – aprendendo a fazer escolhas.

O importante é sempre confiar em Deus e não ter medo. Ele é capaz de renovar o amor de cada casal todos os dias. Ele é capaz de curar as feridas do relacionar-se com o outro(a), dando um amor novo, capaz de superar os conflitos. Os medos e as dúvidas do relacionamento se curam dia após dia, confiando no Senhor Jesus e fazendo da vida em comum uma jornada espiritual diária de passos de crescimento para ambos, porque o viver juntos para sempre não é apenas uma questão de tempo; o importante para um casal cristão é estar juntos e saber amar-se, pois um Matrimônio não se realiza apenas no tempo de convivência, mas na qualidade de cada momento juntos.

Deus é a fonte do amor infinito. Assim como pedimos no Pai-Nosso: "O pão nosso de cada dia nos dai hoje", nos ensinou o Papa Francisco, devemos pedir "o amor nosso de cada dia nos dai hoje", "o perdão nosso de cada dia nos dai hoje", "a paciência nossa..." e, assim, você pode pensar no que mais o seu Matrimônio precisa neste momento e pedir: "Senhor, dai-nos...".

Deus quer estar presente nas nossas vidas e espera ansiosamente que peçamos seu auxílio. Muitos casamentos fracassam por não recorrer ao Autor da vida e do Matrimônio. Ele sabe do que precisamos, Ele quer se fazer presente nos nossos relacionamentos, ensinando-nos a amar e a construir uma família. Quanto mais um casal se confiar ao amor de Deus, mais será capaz de viver o sim para sempre e ver o seu amor crescer, renovar-se a cada manhã e vencer as dificuldades do dia a dia.

"Conviver é uma arte", disse o Papa Francisco, e nesse caminho de convivência do Matrimônio é preciso ter paciência para experimentar toda a beleza do caminhar juntos, sabendo esperar o tempo do cônjuge e respeitar o momento que está vivendo.

Às vezes, a convivência entre marido e mulher vai se tornando pesada, porque se perdem ao longo do caminho o respeito e o amor de um para com o outro; não se sabe mais agradecer pelo dom que a outra pessoa é na sua vida, e dizer "obrigado" parece ser algo antiquado, que se pratica apenas com as pessoas de fora de casa.

Entra-se na vida da outra pessoa, às vezes, de uma forma grosseira e autoritária, exigindo que o cônjuge faça algo sem de fato perguntar se aquilo lhe agrada. Desaprendemos, com o tempo, a pedir perdão quando ofendemos; o respeito e a atenção vividos no namoro parece que se perderam ao longo do caminho.

Precisamos entender que o matrimônio e a família precisam do amor para sobreviver, e que é dos pequenos gestos do dia a dia que ele se alimenta para se tornar mais forte. Não existem famílias perfeitas, casais sem defeitos, homens e mulheres perfeitos. Existimos nós, os pecadores, e é através da nossa humanidade que Deus quer escrever uma nova história e construir uma família que se ame de verdade. E, para isso, Ele nos ensinou um segredo para uma feliz convivência: nunca ir dormir sem pedir perdão. Pois quem de nós é capaz de viver um dia sem errar ou sem magoar a pessoa querida?

Por isso, precisamos aprender a pedir perdão e a nos perdoar mutuamente, para que o amor sobreviva em meio aos conflitos e divisões.

Chamados ao amor

O amor é forte como a morte, suas chamas são fogo ardente, labaredas divinas. As águas torrenciais não puderam extinguir o amor, nem os rios poderão afogá-lo. Se alguém oferecesse todas as riquezas de sua casa para comprar o amor, com total desprezo o tratariam.
(*Ct 8,6b-7*)

SOMOS CHAMADOS POR DEUS a amar. Essa é a grande vocação do ser humano. Faz parte da sua essência amar e ser amado. Nenhum de nós nasceu para viver no isolamento; e quando amamos, é que encontramos o verdadeiro sentido e a realização para o nosso existir.

> Deus, que criou o homem por amor, também o chamou para o amor, vocação fundamental e inata de todo o ser humano. Pois o homem foi criado à imagem e semelhança de Deus, que é Amor. (CIC 1604)
>
> O homem não pode viver sem amor. Ele permanece para si próprio um ser incompreensível e a sua vida é destituída de sentido, se não for lhe revelado o amor, se ele não se encontra com o amor, se não o experimenta e se não o tem algo próprio, se nele não participa vivamente. (São João Paulo II – *Redemptor Hominis*)

O que mais o mundo de hoje e os matrimônios precisam é de um amor verdadeiro; amor que nasce do coração de Deus, amor que é o próprio Deus. Esse amor quer emanar de dentro dos nossos corações para os nossos relacionamentos, fazendo com que cada um faça a experiência de amar e ser amado, encontrando assim, no amor, o pleno sentido da sua existência. Dessa forma, cada casal compreenderá a grandeza da vocação e a beleza do chamado que receberam, de serem um e formar uma família.

> Que o homem e a mulher tenham sido criados um para o outro, a sagrada Escritura o afirma: "Não é bom que o homem esteja só" (Gn 2,18). A mulher, "carne da sua carne", isto é, igual a ele, bem próxima dele, lhe foi dada por Deus como um auxílio, representando, assim, "Deus que está em nosso socorro". "Por isso o homem deixa seu pai e a sua mãe, se une à sua mulher, e eles se tornam uma só carne" (Gn 2,24). Que isto significa uma unidade indefectível de suas duas vidas, o próprio Senhor no-lo mostra lembrando qual foi, "na origem", o desígnio do Criador: "De modo que já não são dois, mas uma só carne" (Mt 19,6). (CIC 1605)

No âmago da existência de cada ser humano existe uma necessidade de intimidade e de amor. Por isso, a Palavra de Deus diz que o homem e a mulher irão formar uma só carne; eles não perderão suas identidades, mas entrarão na vida um do outro de forma íntima e profunda.

Mas o que é o amor? O amor não é paixão; para falar a verdade, o amor verdadeiro não tem nada a ver com a paixão, não exige sua euforia; ele começa depois que a paixão acaba.

Enquanto a paixão durar, sentiremos todas as emoções de sermos amados e aceitos pela outra pessoa. É fantástico enquanto dura; nosso erro é achar que durará para sempre. Porém, como sabemos, esses sentimentos não duram para sempre. Lembro-me de um exemplo que o Mons. Jonas Abib nos dava de que a paixão é como as labaredas de um fogo: são necessárias no início, mas ainda não são as brasas; só quando elas passarem é que o fogo estará aceso.

Nossa necessidade emocional de amor não está no apaixonar-se, mas em ser amado pelo outro com um amor que nasce com base na escolha e na razão, e não no instinto. Esse tipo de amor requer esforço e disciplina.

Isso é uma ótima notícia para os casais que perderam os sentimentos da paixão no seu casamento, pois se o amor é uma opção real, eles possuem a capacidade de amar, mesmo após o fogo da paixão ter acabado. Esse tipo de amor começa com atitudes como: "Eu te escolhi entre todas as pessoas para ser meu(minha) esposo(a), vou te amar e cuidar para que sejas a pessoa mais feliz deste mundo".

O verdadeiro amor não tem medo de se abaixar para que o outro cresça.

Diz São Paulo na Carta aos Coríntios:

> O amor é paciente, é bondoso. Não é invejoso, não se vangloria, não se orgulha. Não maltrata, não procura seus interesses, não se ira facilmente, não guarda rancor. O amor não se alegra com a injustiça, mas se alegra com a verdade. Tudo sofre, tudo crê, tudo espera, tudo suporta. O amor jamais acabará. (1Cor 13,4-8a)

O homem e a mulher precisam de fato descobrir-se chamados a amar. E o que é amar alguém, se não preferir o bem do outro ao bem próprio? Se não se gastar e dar a vida por amor ao outro, como uma mãe e um pai fazem pelo seu filho?

São Josemaría Escrivá ensina que o verdadeiro amor é contrário a todo anseio desordenado de autossatisfação:

> O amor tem necessariamente as suas manifestações características. Às vezes, fala-se do amor como se fosse um impulso para a satisfação própria, ou um simples recurso para completarmos em moldes egoístas a nossa personalidade. E não é assim: o amor verdadeiro é sair de si mesmo, entregar-se. O amor traz consigo a alegria, mas é uma alegria com as raízes em forma de cruz. Enquanto estivermos na terra e não tivermos chegado à plenitude da vida futura, não pode haver amor verdadeiro sem a experiência do sacrifício, da dor. Uma dor que se saboreia, que é amável, que é fonte de íntima alegria, mas que é dor real, porque supõe vencer o egoísmo e tomar o amor como regra de todas as nossas ações.
>
> *Fonte: www.escrivaworks.org.br/book/cristo_que_passa-capitulo-5.htm*

Matrimônios felizes e bem-sucedidos não acontecem simplesmente, não são fruto do acaso, mas são construídos dia a dia. Há muitos casais que, após se casarem, param de crescer e de se importar com a felicidade um do outro e da família; eles acreditam que não precisam fazer mais nada pelo seu Matrimônio, como se o sim dado diante do altar fosse o fim de uma caminhada, o triunfo alcançado no propósito de vida que fizeram. E mesmo que digam que não, acabam pensando assim e agindo dessa forma. Dão o amor como certo para toda a vida, e o resultado disso é que veem a monotonia tomar conta de seu casamento e destruí-lo.

Devemos manter o amor crescendo sempre, numa atitude diária de expressá-lo ao outro(a), ou ele irá morrer, e ficaremos à deriva. A felicidade e o amor aos quais almejamos não os encontraremos buscando de forma egoísta para nós mesmos, mas quando nos doarmos uns aos outros. É assim que o casal se realiza, buscando fazer um ao outro feliz.

Casais que se amam vivem no propósito de cuidar bem um do outro. Se você quer saber se ama de fato seu(sua) esposo(a), verifique se hoje ele(a) é melhor do que quando começou a se relacionar com você, pois as pessoas que nos amam de fato são aquelas que nos tornam melhores do que quando nos encontraram.

Falar de felicidade no casamento remete a manter o amor aceso em nossos relacionamentos; é algo muito sério.

Infelizmente, esse amor de novela que nos é apresentado hoje em dia, e que para muitos acabou se tornando um modelo, ensina-nos a ficar com o(a) outro(a) apenas enquanto ele(a) nos oferece alguma novidade, nos realizando de forma egoísta, como se eu pudesse tirar da outra pessoa aquilo que eu quero e, depois, quando já não há mais novidade alguma – ou quando já estou cansado dela – eu pudesse descartá-la e procurar outros amores. É a cultura do descartável, do provisório, como diz o Papa Francisco.

Mas isso não é amor. Definitivamente esse não é o caminho. Talvez por isso vejamos tantas pessoas frustradas nesse mundo com o amor e com o casamento, pois as experiências que tiveram com as pessoas que diziam amá-las, em vez de fazê-las melhores, arrasaram suas vidas, tornando-as bem piores do que quando as encontraram.

Se quisermos ser felizes na vida a dois, precisaremos aprender que aquilo que, de fato, fará o Matrimônio durar para sempre é justamente o compromisso diário de amar um ao outro até o fim, num desejo profundo de fazer a pessoa amada melhor, mais feliz e realizada a cada dia. Quem se casa apenas esperando prazer no casamento, rapidamente se frustrará, pois logo virão os problemas e as lutas concernentes à vida do casal. O homem e a mulher perfeita não existem; o que existe é a certeza de que um é chamado para aperfeiçoar o outro.

"Estar juntos e saber amar-se para sempre é o desafio dos esposos cristãos." (Papa Francisco)

Se você ama de fato o seu cônjuge, desejará que ele seja profundamente feliz e realizado ao seu lado, colocando-se disponível a ajudá-lo nesse processo de crescimento e amadurecimento pelo qual cada um passa tanto na vida pessoal, isto é, consigo mesmo, quanto no Matrimônio e na vida familiar.

Crescei e multiplicai-vos

Eis a ordem do Senhor ao primeiro casal: "Crescei e multiplicai-vos" (Gn 1,28). Essa é ordem de Deus para cada matrimônio, para cada família. Somos chamados, em primeiro lugar, a crescer na experiência de amar e ser amados. O grande problema é que os casais, hoje em dia, primeiro se multiplicam, para depois casar e crescer. Pulam as etapas, vivem tudo antes do tempo e, na maioria das vezes, não têm tempo para crescer e, de tanto se ferirem, acabam se separando.

A primeira grande ordem de Deus para o casal é: *crescei*. Somos chamados a crescer, ou seja, ainda não estamos prontos, o nosso amor ainda é pequeno, fechado em si mesmo, egoísta. Então, a ordem de Deus para nós é *crescei,* porque amor que não cresce, morre. O Matrimônio e a família são essa escola maravilhosa em que temos a oportunidade de amar e ser amados, vencendo os nossos limites e aprendendo de fato o que é o amor.

Nossa vida deve se converter em uma jornada espiritual diária, feita de passos, de crescimento em comum; não é só ele ou só ela que deve crescer, mas ambos. E essa jornada não deve ser encarada como um simples trabalho a ser cumprido, um fardo a ser carregado, mas no sentido de fazer um empenho diário para crescer no amor em todos os sentidos. Uma jornada espiritual, durante a qual contamos com o auxílio do céu para realizar nossa vocação, pois o mesmo Deus que nos chama, caminha conosco e nos dá sua graça para vencermos as provações. E como temos provações pelo caminho! Quantas dificuldades já encontramos e encontraremos? A maioria delas criadas pela nossa imaturidade, pelas escolhas erradas que fizemos, pelo nosso desequilíbrio, pois ainda não somos maduros o bastante para viver sem chatear um ao outro.

Afetivamente, psicologicamente e sexualmente falando, somos imaturos, e é no Matrimônio que tudo isso se evidencia e vem à tona. Precisamos, então, da ajuda um do outro e da ajuda de Deus para transpormos as barreiras, crescermos e nos tornarmos pessoas melhores. E ninguém melhor do que o seu cônjuge para ajudá-lo nesse crescimento; ele será sua ajuda adequada.

Quantas vezes em casa, nas situações vividas com a minha esposa, sou chamado a reconhecer minhas falhas e atitudes que não foram boas! Reconhecer que errei ao falar, ou na escolha que fiz. Isso é fácil? Não. Não é fácil encarar as próprias fraquezas e reconhecer que preciso de mudança, que preciso de ajuda. Nesse momento, ou sou verdadeiro e reconheço que preciso de auxílio, e que preciso mudar, ou me fecho e ignoro minhas fraquezas, deixando o orgulho matar a oportunidade que tenho de crescer e melhorar no relacionamento. Para chegar à maturidade, terei que percorrer um caminho de autoeducação, auxiliado por meu cônjuge. E essa é a dimensão bela do matrimônio, pela qual cada um faz o outro crescer.

Crescer não é fácil; dói e exige mudanças. Mas não temos outro caminho, se quisermos amadurecer e ser melhores a cada dia. Ou eu enfrento os meus problemas e procuro ser melhor, ou passarei a vida inteira mascarando as situações, fugindo dos problemas, culpando os outros, afastando de mim a possibilidade de crescer e me tornar um ser humano, um marido, um pai melhor.

É comum, por exemplo, o que acontece com alguns maridos que, após alguns anos de casados, por causa dos desentendimentos com suas esposas, esquecem suas companheiras dentro de casa e decidem caminhar sozinhos, não se importando com elas. Em vez de resolver seus problemas, de buscar o ajustamento conjugal, preferem abandoná-las, trocando a amizade delas por outras companhias, esfriando o relacionamento, tornando-o distante e pesaroso. Isso também pode acontecer com as mulheres. Tudo porque não souberam ter uma boa conversa, um diálogo franco e honesto, em que cada um reconhece onde errou e sabe pedir perdão, em vez de ficar acusando o cônjuge.

Um casal que cresceu e aprendeu a se amar e a se respeitar terá um relacionamento muito melhor do que quem não se ama e não se respeita. Da mesma forma, um casal paciente terá um relacionamento melhor do que um casal impaciente. Um casal generoso terá um relacionamento melhor do que um egoísta. Um casal que se perdoa terá um relacionamento melhor do que um casal rancoroso. Um casal que é fiel e disciplinado terá um relacionamento melhor do que um casal infiel e indisciplinado.

Por isso, precisamos nos esforçar para crescer e alcançar essas virtudes. Problemas todos nós temos. Ao percebermos nossas fraquezas, devemos encará-las e começar um lindo e vigoroso processo de superação e crescimento; nessa caminhada, a pessoa que o Senhor colocou ao seu lado será sua ajuda adequada.

O primeiro passo para esse crescimento é reconhecer uma verdade essencial sobre a nossa condição humana: embora o ser humano seja capaz de coisas extraordinárias, nós somos falhos e imperfeitos. Os defeitos que, com tanta frequência, desprezamos são parte de nossa humanidade.

Se nos permitirmos refletir profundamente sobre o fato de que todos temos falhas, conviveremos cada vez melhor conosco mesmo e com os outros.

Por isso, não desista de si mesmo, nem do seu cônjuge, pois Deus os colocou ao lado um do outro para fazê-los crescer e, nesse caminho, ambos precisarão de muita paciência e amor para suportar um ao outro. "Suportar" não no sentido de segurar um peso, mas de ser um suporte para o(a) outro(a) no momento de suas quedas e fraquezas, quando ele(a) mais precisa de você. E não somente isso mas, principalmente, ser um suporte para que ele(a) realize sua vocação, vença seus medos e venha a ser aquilo para qual foi feito por Deus.

Veja esta outra Palavra de Deus para o casal:

> Mulheres, sede submissas a vossos maridos, como convém no Senhor. Maridos, amai vossas esposas e não sejais ásperos com elas. (Cl 3,19)

A Palavra de Deus nos chama a todo o momento à comunhão, e esse "submeter-se" que ela está dizendo as mulheres não significa, de maneira alguma, ser escrava do marido, mas é estar sob a missão do marido, dando suporte para que ele realize sua vocação de esposo e pai.

Você com certeza já ouviu esta frase: "*Por trás* de um grande homem, existe uma grande mulher". Eu diria: "*Ao lado* de um grande homem, existe sempre uma grande mulher". Como faz a diferença na vida de um homem uma mulher sábia, amorosa, cheia do Espírito Santo, que esteja ao seu lado ajudando-o a realizar sua missão nesse mundo!

Muitas das coisas que eu faço na minha vida profissional e missionária pelo reino de Deus – trabalho, viagens, retiros – só são possíveis porque eu tenho uma companheira em casa que me dá suporte e me ajuda a entender e a realizar a minha missão de esposo, de pai, de evangelizador e empresário, ajudando-me a discernir quando é hora de avançar, quando é hora de parar, de esperar, e por qual caminho seguir.

Deus colocou a mulher ao lado do homem para lhe ser um auxílio, uma ajuda adequada. Como vimos no Catecismo da Igreja Católica nº 1605, a mulher representa "Deus em quem está o nosso auxílio"; então, não é um auxílio qualquer.

Santo Agostinho diz que Deus tirou a mulher da costela do homem, e não da cabeça ou do calcanhar, porque ela não deveria mandar no homem nem ser sua escrava, mas sua companheira, que andaria ao seu lado.

Por outro lado, maridos, amem suas esposas e não sejam ásperos com elas; valorizem aquela que Deus colocou ao seu lado. Há maridos que valorizam mais as amizades externas do que sua mulher; procuram palavras bonitas para falar com os de fora, mas com a esposa agem com brutalidade e impaciência.

> A expressão do amor conjugal, pelo qual os esposos se unem entre si de modo tão íntimo que constituem uma só carne, realiza-se segundo a verdade da pessoa, só quando o dom recíproco de si não é deformado nem pelo desejo do homem de tornar-se "senhor" da sua esposa, nem pelo fechar-se da mulher nos próprios instintos. (São João Paulo II, carta *Mulieris Dignitatem*).

Deus nos chama a ser construtores de uma vida a dois, construtores um do outro. E não se constrói nada da noite para o dia; é preciso que se tenham projetos, e que haja um empenho pessoal de cada um para que a obra aconteça. Temos uma responsabilidade imensa diante de Deus pela pessoa com quem nos casamos. "Pois o marido não cristão fica santificado por sua mulher cristã, e a mulher não-cristã fica santificada por seu marido cristão." (1Cor 7,14)

Somos chamados a santificar um ao outro no dia a dia. E como faremos isso? Ajudando-nos com amor em cada fase da vida, ora animando, ora consolando, ora conversando, e sempre rezando para que a pessoa seja capaz de acreditar em si mesma, viver sua vocação, superando cada obstáculo, sem nunca deixar de sonhar e ser feliz. Assim, ela vencerá os medos, as dores, os sofrimentos e os vícios, levantando-se após cada queda. Deus quer que sejamos felizes; foi para isso que Ele nos criou.

Talvez você esteja pensando: "Mas isso não é possível no meu Matrimônio! Não com o marido/esposa que tenho em casa...". Mas é possível sim, pois junto ao seu esforço entra a graça de Deus. Mas veja bem o que eu disse: *junto ao seu esforço;* ou seja, é preciso se esforçar.

São João da Cruz nos ensina algo muito precioso: "Onde não há amor, coloque amor e colherás amor".

Como no campo, se eu quero colher algo eu preciso plantar. A minha parte será preparar a terra, plantar a semente e regar, e a graça de Deus fará a vida brotar ali, fazendo com que a semente cresça e dê fruto.

Assim também no Matrimônio, eu precisarei plantar. Minha esposa precisa se tornar melhor, mais santa, isto é, mais feliz e realizada a cada dia ao meu lado. É minha missão investir, criar o ambiente para que o que ela tem de melhor – mesmo que ainda em semente – venha para fora, não parando nos seus defeitos.

Sua esposa tem muitos atributos bons; seu marido também tem muitas qualidades. É preciso investir para que, em seu coração, haja espaço para as virtudes florescerem e darem frutos. Ao perceber os defeitos da pessoa amada, muitos acabam desanimando e desistindo de construí-la; eles param à beira do caminho e desistem de caminhar juntos.

> A família nasce deste projeto de amor que quer crescer como se constrói uma casa: que seja lugar de afeto, de ajuda, de esperança. (Papa Francisco)

Como em uma construção, precisamos estar atentos para acompanhar como está ficando a casa que estamos construindo. Sobre quais valores estão sendo construídos os alicerces que irão sustentar essa casa?

Você jamais contrataria um pedreiro para construir sua casa, sem acompanhar a obra, verificando se tudo está indo conforme o projeto, pois esse proceder poderia lhe custar caro e lhe trazer grandes decepções.

Ora, se é importante fazer isso em uma construção material, imagine na construção de um lar, de uma família! Precisamos ter a coragem de olhar para o nosso Matrimônio e avaliar se estamos crescendo, se tudo está saindo como planejamos e sonhamos; se a obra não parou e está se deteriorando, pois quando paramos a construção, quando a abandonamos, ela não desmorona da noite para o dia, mas vai sendo destruída com o tempo.

Onde estão os seus sonhos de um Matrimônio feliz? Talvez soterrados sob os problemas e decepções da vida a dois, sob o peso das lembranças amargas e das cenas que marcaram negativamente a sua vida e que agora não saem da sua cabeça.

Mas avancemos um pouco mais. Será que essa obra não está sendo construída fora dos planos de quem a projetou? Imagine sua decepção ao ver que o pedreiro que você contratou simplesmente desprezou o seu projeto e construiu a sua casa do jeito dele, não respeitando as medidas e o tamanho dos cômodos. Imagine quanta decepção! Ele gastou todo o material que você comprou com o seu dinheiro, ganhado com o sacrifício e o suor do seu rosto, para simplesmente desprezar o que você pediu e construir a casa do jeito dele... Essa pessoa merecia uma grande correção, não?

Pois é, esse pedreiro sou eu e é você, que muitas vezes insistimos em construir a nossa vida fora dos planos de Deus, que nos criou e que nos ama. Ele é o autor do Matrimônio e da família, e sabe o que é melhor para cada um de nós. Infelizmente, muitos se tornaram displicentes e deixaram de acompanhar o crescimento e o desenvolvimento desse projeto maravilhoso de Deus que é o Matrimônio e a família, deixando a vida e os acontecimentos se desenrolarem sem direção, desobedecendo a vontade do Criador. Por isso, surgiram tantas feridas e decepções, e muitos até perderam a fé de que o Matrimônio e a família são um bom projeto de Deus.

Nós precisamos voltar a rezar mais e deixar que Deus faça parte da nossa vida, que sua Palavra nos oriente, que o Espírito Santo cure as feridas da nossa alma e nos faça verdadeiramente livres para amar e ser amados.

Pare um instante a leitura deste livro e se coloque em oração na presença de Deus; deixe-O revelar ao seu coração as áreas da sua vida que precisam ser curadas e libertas; quantas lembranças amargas ainda insistem em permanecer na sua mente se atualizando o tempo todo, esfriando o amor no seu coração?

Diante de Deus, tenha a coragem de fazer esta pergunta: Como está o meu Matrimônio? Estamos sonhando os sonhos de Deus para nós?

E deixe que o Espírito Santo revele ao seu coração os sonhos de Deus para vocês; deixe que Ele revele o que precisa ser mudado e, mais do que isso, que Ele fortaleça sua vontade de mudar aquilo que for necessário.

Oremos:

Senhor, se temos caminhado fora dos seus planos para nossa vida, ajuda-nos a retomar o caminho. Vem com o teu Espírito Santo nos conduzir, vem curar as feridas da nossa alma, libertar o nosso Matrimônio de todo o mal que se instalou em nossas vidas. Criaste-nos, Senhor, para ser felizes e ser no mundo um sinal do seu amor, e nós queremos sê-lo.

Receba agora a vida do(a) meu(minha) esposo(a) e o(a) abençoe para que juntos façamos sua vontade para as nossas vidas. Amém!

Você entendeu?

Cada casal cristão precisa ter atitude, assumir sua vocação ao Matrimônio, o projeto de Deus para suas vidas, e construir sua família nos moldes desse projeto, se quiser ser feliz. Não podemos seguir nos embalos das ondas deste mundo, que não quer obedecer a Deus. É preciso que cada qual assuma seu papel na família e, com humildade e responsabilidade, examine como está construindo seu lar e vivendo sua vocação ao Matrimônio. Talvez você, como eu, irá verificar que em alguns momentos saiu do caminho, que a nossa cabeça dura muitas vezes nos afastou dos projetos de Deus para nossa vida, e nos levou a fazer escolhas erradas; em consequência disso, agora precisamos dobrar os joelhos e pedir ao Senhor a força e a sabedoria necessárias para retomar o caminho.

Você, homem, tem o seu papel fundamental de esposo e pai na sua casa. Você é a cabeça, e por isso o demônio tem investido tanto em destruir os homens, tirando deles o cajado de pastor de suas famílias e colocando no lugar a bebida, as drogas e a prostituição para destruir suas vidas, tirando sua autoridade e exemplo dentro de casa, que são tão importantes para a condução e edificação da família; isso faz deles homens fracos, incapazes de construir algo e de levar qualquer projeto em frente.

E você, mulher, também tem o seu papel fundamental de esposa e mãe na sua casa. Sentimos pena daquele lar que não tem uma mãe, do Matrimônio que carece de uma esposa sábia e virtuosa.

Busquem em Deus a sabedoria e a força para realizarem cada qual sua vocação, inspirados no Senhor, na Sagrada Família de Nazaré, e não nos modelos estragados que o mundo nos apresenta, nos conselhos errados que nos são dados. Deus tem um projeto para a sua vida e para a sua família. Assuma-o e peça ao Senhor a graça de realizá-lo no dia a dia.

Matrimônio, uma vocação

O MATRIMÔNIO É UMA LINDA VOCAÇÃO que Deus deu ao homem para que ele participe da sua obra criadora e seja com Ele cocriador dos seus filhos. Não é fruto da invenção humana mas, ao contrário, uma instituição divina. Ele é o Criador, Aquele que nos deu a vida, que nos chama a uma vocação, e a formar uma família.

Os padres conciliares, em sua constituição Apostólica *Gaudium et Spes,* sobre a Igreja no mundo contemporâneo, fizeram questão de se pronunciar sobre o Matrimônio:

> A salvação da pessoa e da sociedade humana estão intimamente ligadas à condição feliz da comunidade conjugal e familiar. (GS 47)

Eles destacam que o Matrimônio é uma instituição divina – ou seja, que tem o próprio Deus como autor e, portanto, não pode ser mudado em suas propriedades essenciais pela vontade humana – e que a instituição matrimonial nunca é de caráter privado, ou seja, que ela não interessa apenas aos cônjuges e aos filhos. Pelo contrário, o Matrimônio é um bem público, que afeta diretamente toda a humanidade e que interessa a todos. Por isso, deve ser tutelado tendo em vista os interesses do bem comum.

O matrimônio natural, que existe desde os primórdios da humanidade, foi elevado por Cristo ao grau de Sacramento, isto é, o Sacramento do matrimônio torna-se portador do próprio Cristo, da sua graça redentora. E isso se fez de forma tão verdadeira e significativa, que o próprio Cristo o transformou na imagem do seu amor e da sua união com a Igreja.

Desse Sacramento assumido pelos cônjuges emana toda a graça de que precisam para viver com fidelidade seus compromissos de esposos e pais, e realizarem assim sua vocação à vida de família, dando glória a Deus.

Assim, o amor conjugal, que deve ser a causa da união, vai se concretizar na vida do casal através da recíproca doação de um para o outro. Essa mútua doação deverá ser vivida na fidelidade e na indissolubilidade, realizando a verdadeira união de toda vida entre ambos, o que culminará com a geração e a educação da prole.

Como toda a vocação, o Matrimônio exige uma entrega profunda, um doar-se diário dos cônjuges, pois só assim serão plenamente felizes, numa entrega total, sem reservas, amando e sendo amados. Não se casa apenas por casar, para dividir o mesmo teto, ou para não ficar sozinho, mas para responder a um chamado, a uma vocação – um chamado de ser construtores de um lar, de um ninho de amor, de uma igreja doméstica, de uma família.

> O casal de cônjuges forma "uma íntima comunhão de vida e de amor que o Criador fundou e dotou com suas leis. Ela é instaurada pelo pacto conjugal, ou seja, o consentimento pessoal irrevogável". Os dois se doam definitiva e totalmente um ao outro. Não são mais dois, mas formam doravante uma só carne. A aliança contraída livremente pelos esposos lhes impõe a obrigação de a manter una e indissolúvel. O que Deus uniu, o homem não separe (Mc 10,9). (CIC 2364)

É tão linda a vocação ao Matrimônio, que São João Crisóstomo sugere aos homens recém-casados que digam à sua esposa o seguinte:

> Tomei-te em meus braços, amo-te, prefiro-te à minha própria vida. Porque a vida presente não é nada, e o meu sonho mais ardente é passá-la contigo, de maneira que estejamos certos de não sermos separados na vida futura que nos está reservada. Ponho teu amor acima de tudo, e nada me seria mais penoso que não ter os mesmos pensamentos que tu tens. (CIC 2365)

Amar o cônjuge e preferi-lo à própria vida são características de um amor que, de fato, quer o melhor para a pessoa amada, que não mede esforços para que ela se sinta a pessoa mais feliz do mundo. Esse é o caminho da felicidade no Matrimônio.

Mas por que muitos casais não vivem a intensidade desse amor? Acontece que muitos, quando se casam, acabam pensando que serão amados como nunca foram, e essa forma de pensamento os paralisa, fazendo com que apenas esperem receber amor do cônjuge, sendo que é justamente o contrário: devemos nos casar para amar e construir o outro. Automaticamente, quando os dois pensam e agem assim, se completam e são felizes, construindo um amor tão forte que nada o poderá abalar.

> Amar não é apoderar-se do outro para completar-se, mas dar-se ao outro para completá-lo. (Autor desconhecido)

Lembro-me de que, certa vez, no primeiro ano de casado, eu estava em casa esperando minha esposa, imaginando que, quando ela chegasse, iria me abraçar, me dar um beijo, dizer que me amava e depois fazer um carinho em meus cabelos... mas quando ela chegou, não aconteceu nada daquilo. Fiquei chateado, reclamei e fui para o quarto bravo com a insensibilidade dela, que não tinha feito aquilo que EU esperava... Naquele instante, enquanto eu estava no quarto refletindo melhor sobre o que tinha acontecido, Deus falou ao meu coração: "Leandro, foi você que imaginou tudo. A Fábia não sabia que você estava esperando esse gesto; você é quem deveria ter tomado a iniciativa de fazer carinho nela, e não ficar esperando que ela fizesse em você".

Então, compreendi algo muito importante para a vida a dois: se tenho vontade de que a minha esposa me ame de alguma forma, e se por acaso isso não vier a acontecer, devo procurá-la e manifestar o meu desejo como forma de um pedido, para que ela conheça a minha necessidade de amor – e não parar aí, mas procurar conhecer o que posso fazer para que ela se sinta amada por mim.

E aqui está algo muito importante, pois não basta que a minha esposa saiba que é amada, ela precisa sentir-se amada e cuidada por mim nas atitudes que eu tenho para com ela.

A necessidade de sermos amados por nosso cônjuge está no âmago dos anseios conjugais. Sentimo-nos mais seguros quando somos amados e percebemos que o nosso cônjuge está comprometido com o nosso bem-estar e a nossa felicidade. Porém, se o cônjuge não souber revelar o seu amor, a outra pessoa se sentirá vazia, usada e não amada, seu mundo estará nas trevas e ela não conseguirá usar todo o seu potencial de vida.

Casamento é um relacionamento diário. Daí a importância de se revelar de forma que o(a) outro(a) entenda. Para muitos homens se sentirem amados, é extremamente importante o toque físico; já para algumas mulheres, o que as fará se sentirem amadas é o fato de seus maridos dedicarem tempo a elas, principalmente para ouvi-las; outras se sentirão amadas quando seus maridos atenderem algum pedido para consertar algo na casa; outras, ainda, se sentem amadas pela forma com que o marido fala com elas, usando palavras carinhosas. Enfim, cada pessoa tem sua maneira de sentir necessidade de amor. Conheço pessoas, por exemplo, que se sentem amadas quando recebem um presente; apenas um bilhete feito com carinho já as enche de amor.

Costumo brincar em minhas palestras que, quando a mulher é sensível à necessidade do homem de ser amado pelo toque físico até o ato sexual, ela faz com que o seu marido se sinta plenamente amado, cheio de amor; logo, ele fica garboso, pronto a fazer qualquer coisa pela sua esposa, porque se sente amado.

Assim, o homem e a mulher devem se esforçar para conhecer o que agrada seu cônjuge, o que o realiza como homem/mulher, o que o(a) faz feliz. O que eu devo fazer para que ele(a) se sinta amado(a) por mim?

Quando ambos têm suas necessidades emocionais atendidas, o casamento toma uma dimensão nova. Uma dica importante para isso é estar atento às constantes solicitações do seu cônjuge; elas contém o segredo daquilo que você pode fazer para deixá-lo mais feliz.

Inúmeros casamentos não deram certo porque muitas pessoas casaram com a única finalidade de satisfazer a si mesmas de uma forma egoísta. Então, quando surgem as primeiras dificuldades, os primeiros desarranjos, o casal entra em crise e já quer se separar, porque ali não importa a felicidade do outro, mas a minha. Se a pessoa com quem me casei não passa de um obstáculo à realização dos meus sonhos, não resta outra coisa a fazer a não ser retirá-la do caminho, descartando-a como se fosse um objeto.

O que temos visto é que as estatísticas sobre o número de divórcios aumentam porque esses casais não suportaram mais viver juntos. E, nesse conflito, nem os filhos constituem um empecilho para que os pais se divorciem – não que os pais não pensem na felicidade dos filhos, mas é que eles estão tão preocupados consigo mesmos, que não conseguem pensar no bem de outra pessoa.

São Paulo, em uma das passagens mais belas das Sagradas Escrituras, compara o vínculo conjugal ao amor de Cristo pela Igreja:

> Submetei-vos uns aos outros no amor, no temor de Cristo. As mulheres sejam submissas aos maridos como ao Senhor. Pois o marido é a cabeça da mulher, como Cristo também é a cabeça da Igreja, seu corpo, do qual ele é o Salvador. Maridos, amai as vossas mulheres, como Cristo também amou a Igreja e se entregou por ela, a fim de santificar pela palavra aquela que ele purifica pelo banho de água. Pois Ele quis apresentá-la a si mesmo toda bela, sem mancha, nem ruga ou qualquer reparo, mas santa e sem defeito. É assim que os maridos devem amar suas esposas, como amam seu próprio corpo. (Ef 5,21-28)

Na catequese da audiência geral de 1º de setembro de 1982, o Santo Padre João Paulo II tratou do amor de Cristo à Igreja como modelo do amor dos esposos. A união sacramental decorrente desse amor deve ter como fundamento o amor e a união que existe entre Cristo e a Igreja: "Como Cristo amou a Igreja e se entregou por ela".

E como Cristo amou a Igreja? "Tendo amado os seus que estavam no mundo", diz São João, "amou-os até o fim" (Jo 13,1).

Ele entregou-se totalmente, amou-nos até o cume de toda possibilidade de amor. Sua entrega na Cruz revela-nos todo seu amor; um amor sem reservas. No Calvário, consumou-se todo sacrifício de uma vida inteira doada por amor.

Eis o modelo de amor e entrega, diz São Paulo, que os casais devem seguir na sua vocação matrimonial: fazer tudo por amor, entregar-se por amor ao outro e até mesmo encarar os sofrimentos de uma vida matrimonial juntos por amor, renunciando a si mesmos em prol um do outro e dos seus filhos, deixando de lado o egoísmo. Esse é o verdadeiro sentido da vocação ao Matrimônio: fazer com que cada um se torne instrumento do amor divino, daquele amor com que Cristo amou a Igreja e, assim, se torne plenamente feliz, formando famílias abençoadas e fecundas.

A graça do Sacramento do Matrimônio

É IMPRESSIONANTE COMO MUITAS PESSOAS ainda desconhecem a importância do Sacramento do Matrimônio e consideram que o ato de casar no civil é o mesmo que celebrar o Sacramento na Igreja. Por tudo o que você leu até aqui, já deu para perceber que não é assim, pois ao casarem na Igreja, os noivos realizam em suas vidas o Sacramento do Matrimônio – que, por ser um Sacramento, torna-se um sinal visível da presença do Senhor em suas vidas. Não basta morar juntos para se considerarem casados, pois o Sacramento é muito mais do que habitar na mesma casa.

Em virtude do mistério da morte e ressurreição de Cristo, dentro do qual se insere novamente o Matrimônio cristão, o amor conjugal é purificado e santificado:

> O Senhor dignou-se sanar, aperfeiçoar e elevar este amor como dom especial de graça e caridade. O dom de Jesus Cristo não se

> esgota na celebração do Matrimônio, mas acompanha os cônjuges ao longo de toda a sua existência. O Concílio Vaticano II recorda-o explicitamente, quando diz que Jesus Cristo permanece com eles, para que, assim como Ele amou a Igreja e se entregou por ela, de igual modo os cônjuges, dando-se um ao outro, se amem com perpétua fidelidade. (FC 56)

É tão grande esse dom, que ele não se esgota na celebração do Matrimônio mas, como uma fonte perene, acompanha os cônjuges por toda a vida. Cada casal pode dizer verdadeiramente: "Ele está no meio de nós!". É Cristo quem nos dá a graça através do Sacramento que recebemos. Por isso, a Igreja Católica não considera válido o casamento meramente civil entre duas pessoas batizadas. Segundo a moral católica, elas continuam sendo solteiras vivendo em concubinato – portanto, em estado de pecado mortal. Com isso, é como se a Igreja dissesse: "Você pode muito mais! Venha beber da fonte, receba a graça de Cristo para construir um lar feliz; não queira construí-lo só com seus esforços humanos".

Para que o Sacramento seja válido, a condição mais essencial é que haja o livre consentimento e a recíproca entrega de ambas as partes, e que esse consentimento seja manifestado de forma explícita por ocasião da celebração, geralmente pela resposta em voz alta à pergunta do sacerdote, perante as testemunhas.

Segundo as normas da Igreja, (Cân. 118, §1 do Direito Canônico), o Sacramento do Matrimônio deve ser celebrado na própria igreja paroquial de um dos noivos, ou em outra igreja ou oratório provisionado pelo Bispo para a celebração do culto religioso, pois se trata de fato, de um Sacramento, ato religioso solene, que faz parte da vida da Igreja. Por isso, o Direito Canônico sublinha a importância da celebração em um lugar sagrado, onde se manifesta principalmente a vida de fé e de oração do povo cristão. A celebração do Sacramento é um momento fundamental da fé dos esposos, quando é proclamada a Boa Nova de Cristo sobre o amor: é Palavra de Deus que revela e cumpre o sábio e amoroso projeto que Deus tem sobre os esposos, introduzindo-os na misteriosa e real participação do próprio amor de Deus pela humanidade.

Através do Sacramento do Matrimônio, o Espírito que o Senhor infunde doa um coração novo e torna o homem e a mulher capazes de se amarem, como Cristo nos amou. Por isso, o Sacramento do Matrimônio não é somente um rito celebrado na igreja, mas a graça da presença do Senhor todos os dias, em todos os momentos de suas vidas, para que os cônjuges se amem e realizem a vocação de se doar para construir uma família edificada no amor. O Senhor sabe que a vocação ao Matrimônio é exigente e por isso quis estar presente em cada família cristã.

É claro que, para que toda essa graça aconteça, é preciso que os casais creiam e deixem que o Espírito Santo aja em suas vidas. Infelizmente, muitos casais vão para o altar sem conhecimento algum do que estão celebrando, apenas cumprindo um preceito, uma tradição de família; desse modo, contraem Matrimônio de qualquer maneira, mais preocupados com a festa do que com a grandeza do Sacramento que estão celebrando.

Eis o motivo de alguns casamentos durarem tão pouco – apesar de serem celebrados na igreja, diante do ministro ordenado e das testemunhas, os noivos não deixam a graça de Deus acontecer em suas vidas e acabam vivendo esse Sacramento de forma mundana, e não na vontade de Deus.

O casamento aos moldes deste mundo leva-me a enxergar somente a pessoa e, por isso, quando ela já não me satisfaz, eu a jogo fora. Ele reduz os horizontes – você só vê a pessoa, e encerra nela seus projetos de vida. E se eu só vejo a pessoa, acabo parando nas suas limitações e erros, me decepciono, não consigo ver além, nem acreditar na sua mudança. Então, acabo desistindo dela. E aqui está o maior dos absurdos: por melhor que seja uma pessoa, ela jamais preencherá seu coração. Ninguém será capaz de realizar os seus anseios e desejos de felicidade; não coloque um fardo tão grande assim sobre o seu cônjuge.

A situação será bem diferente quando você vivenciar o Sacramento na vontade de Deus, pois no matrimônio não se olha só para a pessoa, mas se aprende a olhar junto com ela para Deus e para o seu plano de amor para as suas vidas.

"Amar não é olhar um para o outro, mas ambos na mesma direção" (Saint-Exupéry). Os dois não vão parar apenas em si mesmos, pois têm uma linda missão a realizar como esposos e pais em família, na vida de igreja e na sociedade, e precisarão estar juntos, com o coração em Deus, para com sabedoria administrar cada acontecimento que a vida lhes apresentar.

A vida nos ensina muito quando aprendemos a não parar apenas nos acontecimentos, mas quando olhamos através deles e nos dispomos a aprender com os fatos. O Sacramento do matrimônio também me ensina que, quando olho através da pessoa, eu enxergo Deus nela. Ensina-me, também, que o Matrimônio precisa ser vivido a três: eu, meu cônjuge e Jesus. Ele está presente para nos ajudar em todas as situações.

O demônio, que sabe da força desse Sacramento, tenta estragar a nossa relação com Deus e a relação de marido e mulher, para destruí-los, usando uma das suas armas mais poderosas, que é nos fazer parar nos defeitos do outro. Quando isso acontece, você olha para o seu marido e não vê mais qualidades; vê aquela pessoa fraca, limitada, e vai perdendo a admiração. A primeira condição do amor é a admiração; quando você não admira mais a pessoa, você não a ama mais. Se não enxergamos além, nós ficaremos apenas nos defeitos do outro.

Não são poucos os que, movidos por um pensamento mundano, se comprometem a ficar casados apenas enquanto o amor durar. E ele tem durado pouco para muitos casais, pois na verdade nunca foi amor de verdade. Aprendemos que, no Sacramento do Matrimônio, o amor é para a vida toda, até que a morte os separe; é um compromisso que nasceu de uma vocação, um sim dado diante de Deus no altar. O Catecismo da Igreja Católica ensina que, independentemente da santidade do ministro, o Sacramento contém eficácia em si mesmo, por si só. O Sacramento do Matrimônio é um sinal eficaz que contém aquilo que representa a força do próprio Deus.

Quantas pessoas destruídas, infelizmente, por um Matrimônio que perdeu suas referências cristãs e virou apenas um casamento mundano, que precisa ser alimentado com elementos de fora. Muitos são mantidos por causa do dinheiro, só pela manutenção do *status* que a pessoa lhe dá. Outros, distantes de Deus, perderam o sentido de viver juntos e se enveredaram pelos vícios, perdendo-se no caminho.

No campo da sexualidade, por exemplo, note quantas aberrações têm invadido os lares através dos filmes e revistas pornográficas. Nenhum animal, por mais primitivo que seja, faz o que o homem faz no submundo da pornografia, quando perde a referência de quem é, da sua dignidade de filho de Deus. Precisamos retomar a sacralidade do Sacramento do Matrimônio, pois a família é a célula-mãe da nossa sociedade, a base de tudo. Destruí-la seria destruir a própria humanidade. Estamos brincando com coisa séria!

Os exemplos de família mostrados nas novelas e filmes mostram uma caricatura de família, em que não há cuidado e amor verdadeiro, onde Deus não está presente e, portanto, a oração também não. Aí o amor vale pouco; a família e o Matrimônio, menos ainda. Querem mudar as propriedades essenciais do Sacramento do Matrimônio pela vontade humana – como se ele fosse uma invenção do homem – apresentando outras formas de vivenciar o casamento longe da vontade de Deus.

Infelizmente, "a audácia dos maus se alimenta da covardia e da omissão dos bons", como dizia o Papa Leão XIII.

Já é hora de lutarmos pelas nossas famílias e defendermos os valores cristãos no Matrimônio. A família e o Matrimônio são território santo, pertencente a Deus. Precisamos nos levantar diante de tanta covardia que, disfarçada de liberdade e apoiada nos movimentos que se autoproclamam "contra o preconceito", propõe-se a questionar valores, relativizando a ética e atentando gravemente contra a essência do Sacramento do matrimônio, como se ele fosse uma instituição humana, e como se defender o que é natural e criado por Deus fosse um ato preconceituoso.

A melhor forma de protestarmos contra tudo isso é ser de Deus, ser família, valorizar cada instante juntos e edificar a nossa casa na rocha que é Jesus, seguindo o que Ele ensinou, sendo sal nesta terra e luz no mundo.

A quem iremos obedecer? A Deus ou ao mundo? É muito triste perceber que muitos deixam de assumir os planos de Deus para sua vida, para assumir o que os outros dizem ou pensam como sendo sua verdade. Não viva o Sacramento do Matrimônio como um "casamento qualquer". Não reduzam a graça de Deus na vida de vocês. Assumam o chamado que Deus lhes fez – lembrem-se que foi diante Dele que vocês deram o seu sim ao chamado à santidade e a não viver o Matrimônio como pagãos que não conhecem a Deus.

> A vontade de Deus é que sejais santos e que vos afasteis da imoralidade sexual. Saiba cada um de vós viver seu Matrimônio com santidade e honra, sem se deixar levar pelas paixões, como fazem os pagãos que não conhecem a Deus. (1Ts 4,3-5)

Assuma de fato o seu papel no Matrimônio e na família. Tenha a coragem de entrar em cena na vida e demonstrar que você é cristão, ama a Deus, acredita na família e quer obedecer ao Senhor custe o que custar, porque você sabe que o resultado da obediência será uma vida feliz e repleta de frutos.

> Feliz quem teme ao Senhor e segue os seus caminhos.
> Viverás do trabalho de tuas mãos, viverás feliz e tudo irá bem.
> Tua esposa será como uma vinha fecunda no interior de tua casa;
> Teus filhos como broto de oliveira ao redor de tua mesa.
> Assim será abençoado o homem que respeita o Senhor.
>
> (Sl 127,1-4)

Saber conviver com os defeitos do outro

Conviver não é uma tarefa fácil, pois muitas vezes, na convivência do dia a dia, tomados pelas preocupações e correrias dessa vida, machucamos quem mais amamos sem querer. Falamos o que não queríamos falar, e quem mais sofre com isso é a pessoa que está ao nosso lado.

É verdade que ainda estamos aprendendo a controlar os nossos sentimentos e emoções, aprendendo a nos conhecer melhor, pois nós mesmos não nos conhecemos totalmente. Por várias vezes eu me surpreendo com as coisas que acabo fazendo, dizendo ou sentindo. Então, se nem eu me conheço totalmente, imagine se a pessoa com quem me casei me conhece por inteiro... De fato, o ser humano é um universo a ser explorado. É por isso que muitos casais, ao se decepcionarem um com outro, acabam pensando assim: "Como ele(a) mudou... Ele(ela) era tão diferente! Fingiu ser bonzinho enquanto namorávamos, e agora que nos casamos, está se revelando, mostrando quem é verdadeiramente. Quanta falsidade...".

Não é verdade? Você já pensou assim? Mas o fato é que essa pessoa não se escondeu. O que acontece é que só o tempo irá revelar o que está oculto. Ninguém conhece ninguém a não ser com o tempo... Ele se encarrega de ir mostrando os defeitos e as qualidades de todos nós, e isso não significa que a pessoa seja má.

Quando estamos, por exemplo, sob o efeito da paixão, não vemos nenhum defeito na pessoa amada; tudo parece muito lindo, e ela não precisa mudar em nada, pois já é perfeita. Não é assim? Isso ocorre porque estamos ainda sob o efeito da paixão. Mas, uma vez que a paixão passa, começamos a vivenciar o nosso mundo real, onde cada um tem suas vontades; onde um quer fazer uma coisa e o cônjuge quer fazer outra, e parece que já não há mais sintonia. O que antes parecia ser uma comunhão perfeita, agora não é mais. Os desejos começam a se impor pouco a pouco, os pensamentos parecem já não ser um só, tudo porque estão saindo do domínio da paixão. É nesse momento que muitos acabam desistindo do casamento e indo atrás de outras paixões, ou então, começam a trilhar o árduo caminho de aprender a amar um ao outro, mas agora sem o efeito da paixão.

Cada um teve uma educação própria na sua família, e traz consigo costumes diversos, temperamentos diferentes, mas agora, são postos em comum na vida a dois, e tudo isso se ajustará com o tempo. Por isso, precisarão de muito amor, paciência e bondade um para com o outro, respeitando seus valores, seu jeito de ser. Irão construir a vida em comum, tendo a coragem de rever seus próprios conceitos e valores, deixando de lado aquilo que não condiz com a vida conjugal e não faz bem à família.

Cada um de nós é um mistério, e um mistério só é conhecido quando é revelado. Por isso, é importante que cada um vá revelando ao outro, com toda sinceridade e amor, suas riquezas e fraquezas, pois ainda há muito que se revelar, uma vez que o conhecimento não terminou no namoro ou noivado, mas continua por toda a vida. E nós só amamos o que conhecemos.

Jesus, no Evangelho, ao falar sobre a parábola do joio e do trigo, ensina-nos algo muito importante para vida conjugal:

> O Reino dos Céus é como alguém que plantou boa semente no seu campo. Enquanto dormiam, veio o inimigo, e semeou joio no meio do trigo e foi embora. Quando o trigo cresceu e as espigas começaram a se formar, apareceu também o joio. Os servos foram procurar o dono e lhe disseram: "Senhor, não semeaste boa semente no teu campo? Donde veio então o joio?". O dono respondeu: "Foi algum inimigo que fez isso". Os servos perguntaram ao dono: "Queres que vamos retirar o joio?". "Não!", disse ele. "Pode acontecer que, ao retirar o joio, arranqueis também o trigo. Deixai crescer um e outro até a colheita. No momento da colheita, direi aos que cortam o trigo: retirai primeiro o joio e amarrai-o em feixes para ser queimado! O trigo, porém, guardai-o no meu celeiro." (Mt 13,24-30)

Em primeiro lugar, precisamos ter a certeza de que o Matrimônio e a família são um grande projeto de Deus. Porém, todos nós temos muita dificuldade de conviver com o diferente, e diante dos problemas e dificuldades do dia a dia no Matrimônio, a nossa tendência é agir pelo ímpeto e pela força, querendo arrancar logo o mal pela raiz, sendo intolerantes com os defeitos do outro. Porém, se nem nós estamos prontos, quem dera o outro. É preciso ter paciência.

A primeira pergunta que os servos fazem ao dono do plantio nesse Evangelho é: "Não semeaste boa semente?". E depois: "De onde veio então o joio, se o senhor plantou trigo?".

O Matrimônio, o seu marido, a sua esposa são um bom projeto de Deus. Contudo, nenhum de nós está livre dos pecados e fraquezas tão presentes em nossas vidas por causa do pecado que em nós habita; como disse Jesus no Evangelho, veio o inimigo e semeou o joio, e a convivência do dia a dia fará com que tudo isso venha à tona.

> Por causa do pecado original que consistiu numa ruptura com Deus, todo homem sofre a experiência do mal, à sua volta e em si mesmo. Esta experiência também se faz sentir nas relações entre o homem e mulher. Sua união se vê ameaçada pela discórdia, pelo espírito de dominação, pela infidelidade, pelo ciúme e por conflitos que podem chegar ao ódio e à ruptura. (CIC 1606)

Os casais precisam saber que enfrentarão muitas lutas e dificuldades para viver o amor conjugal e alcançar a unidade interior.

> Uma luta árdua contra o poder das trevas perpassa a história universal da humanidade. Iniciada desde a origem do mundo, vai durar até o último dia, segundo as palavras do Senhor. Inserido

> nessa batalha, o homem deve lutar sempre para aderir ao bem; não consegue alcançar a unidade interior senão com grandes labutas e a graça de Deus. (CIC 409)

São Paulo, na carta aos Romanos, diz que:

> O querer o bem está ao meu alcance, não, porém, o realizá-lo. Não faço o bem que quero, mas faço o mal que não quero. Ora, se faço aquilo que não quero, então já não sou eu que estou agindo, mas o pecado que habita em mim. (Rm 7,18b-20)

Quantas vezes a Fábia, minha esposa, presenciou a minha dor e tristeza por ter errado, sendo impaciente, fazendo e falando o que não queria... Doía mais em mim do que nela mesma o mal que eu havia cometido, pois me derrotava por dentro, fazendo com que eu me sentisse a pior das criaturas; somente a graça e a misericórdia de Deus e o perdão dela me levantavam novamente.

Como diz o Papa Francisco: "Todos nós sabemos que não há família perfeita, e até mesmo o marido perfeito ou a esposa perfeita. Existimos nós, os pecadores". E, por isso, precisamos nos ajudar mutuamente nessa luta contra o pecado que quer nos dividir, pois diante dos erros e defeitos do outro, muitas vezes temos vontade de fazer como os servos, ir arrancar o joio e acabar com os problemas.

Os servos parecem até demonstrar muita boa vontade: "Queres que vamos retirar o joio?". Mas, na tentativa de retirar o joio da vida do seu cônjuge, no ímpeto de querer mudá-lo, você poderá arrancar junto o trigo e acabar com a plantação, com o plano de Deus para a vida de vocês. Deixar crescer os dois juntos significa dar tempo ao tempo, ser paciente.

Nesse ponto, marido e mulher podem se ajudar muito. Em vez de se revoltar e acusar um ao outro pelo erro cometido, devem ter a atitude madura de ser misericordiosos como Deus é conosco, entregando o erro do outro à misericórdia Dele, perdoando, acolhendo e sendo paciente, para que a paz retorne à casa de vocês.

Quanta coisa você precisa mudar em si mesmo, que só depende de você, e você ainda não conseguiu? Nós temos muitas soluções para resolver os problemas dos outros.

Muitas vezes, na hora da raiva, só vemos defeito no outro e, se agirmos no ímpeto, não veremos as qualidades, o que de bom a pessoa tem. Assim, acabaremos nos tornando pessimistas em relação a essa pessoa, focalizando apenas os seus erros.

> Sejam mais indulgentes e misericordiosos, e não tão rápidos em condenar as falhas dos outros. Um pouco de misericórdia torna o mundo menos frio e mais justo. (Papa Francisco)

Precisamos aprender a conviver com os nossos defeitos e limitações, e também com os defeitos e limitações do outro. Isso não significa assumir uma atitude de conformismo, como se disséssemos: "Ele(a) é assim mesmo e pronto, não vai mudar nunca", mas abraçar a certeza de que, com paciência e fé, você verá Deus transformar todas as coisas.

Para isso, o casal precisará crescer cada dia mais no diálogo, vencendo o medo de falar, como também o de falar demais para não anular o outro, de forma que os dois se revelem e cresçam. Por isso, o Papa propõe a convivência como um caminho de paciência e beleza. Não é para pararmos nos defeitos, mas para caminharmos e, com paciência e fé, vencermos as batalhas. Às vezes, Deus não mudará aquela situação como você quer, mas usará essa situação para mudar você.

Aprendemos com o Mons. Jonas Abib, na Canção Nova, que a vida fraterna é possível não quando acabam os problemas e dificuldades, mas quando cada um aprende a perdoar setenta vezes sete.

Também no Matrimônio, a convivência diária só será possível quando aprendermos a perdoar e a pedir perdão um ao outro, quando aprendermos a ser misericordiosos, pois estamos no mesmo barco, e nenhum de nós está pronto, a ponto de não errar mais.

Talvez precisaríamos colocar em nossas casas a seguinte frase: "Desculpe-nos o incômodo, estamos em construção".

Não podemos nos deixar levar pela tentação de reter o que outro fez de errado, guardando mágoa e azedando o coração, pois assim, perderemos a esperança e a certeza de um Matrimônio feliz.

Aqui está a diferença entre um casal cristão, que acredita na força do Matrimônio, na força da presença de Deus que os ajuda a vencer as tribulações próprias da vida a dois, e um casal que não tem fé.

Quem tem fé, acredita e segue em frente com esperança.

Precisamos acreditar que o nosso cônjuge é um bom projeto de Deus e rezar por ele, e não ficar alimentando mais os erros do que as qualidades, mais o joio do que o trigo.

Quanta coisa boa seu cônjuge já fez para você e você esqueceu... Mas parece que as coisas que ele fez de errado permanecem sempre em evidência; basta uma briga para você trazer à tona tudo novamente, dizendo: "Pensa que eu esqueci?".

Já tive a oportunidade de atender em oração e conversar com vários casais que traziam coisas velhas de vinte, trinta anos atrás, ou mais, e que estavam profundamente presos à mágoa do passado, porque pararam no erro do outro.

São Paulo, ao falar aos Filipenses, diz:

> Quanto ao mais, irmãos, ocupai-vos com tudo o que é verdadeiro, digno de respeito ou justo, puro, amável ou honroso, com tudo o que é virtude ou louvável... e o Deus da paz estará convosco. (Cf. Fl 4,8-9)

O grande problema é que acabamos ocupando a nossa mente com mentiras, reclamações, injustiças, impurezas, ódios, lembranças amargas, tudo o que não deve ocupá-la e, por isso, não temos paz. O demônio faz de tudo para nos tirar a paz que é a presença de Deus, para nos destruir e destruir a comunhão na nossa família.

Você já notou o quanto reclamamos? Muitos de nós reclamamos demais, e de fato as nossas reclamações são em sua maioria insignificantes. Para quem e de quem nós mais reclamamos? Para as pessoas que supostamente mais amamos. Nossas reclamações estão envenenando nossos relacionamentos.

Jesus, quando apareceu ressuscitado aos discípulos de Emaús, perguntou-lhes: "O que andais conversando pelo caminho?" (Lc 24,17a).

O que eles estavam conversando fez com que ficassem tristes, pois ainda estavam presos ao passado, à morte de Jesus, e não perceberam que era o próprio Senhor que estava vivo, ressuscitado no meio deles. Foi por isso que Jesus disse, no versículo 25: "Como sois sem inteligência e lentos para crer em tudo o que os profetas falaram!".

Sobre o que você, mulher, anda conversando com o seu esposo? Ou sobre o que você, homem, anda conversando com a sua esposa?

Quando a gente se concentra no que é bom, em vez de focar o que deu errado, a vida melhora consideravelmente. A gratidão muda as nossas vidas. Ela muda o modo como nos sentimos em relação a nós mesmos, à vida e aos outros.

Deixe que os erros do passado fiquem no passado. Pare de atualizar o que não deu certo e aprenda a valorizar e a elogiar quem você ama. A tristeza que sentimos muitas vezes no nosso Matrimônio é por preferir ficar alimentando as situações de morte, o que deu errado em nossa vida, e, não assumirmos a graça de uma vida nova que nos levará à ressurreição.

Voltemos ao Evangelho...

O que fazer com o joio, então?

A primeira coisa é ter paciência e calma. Não arranque o joio agora; não se precipite, nem se agite, pois além de não resolver nada, pode piorar. Na tentativa de arrancar o joio, você poderá arrancar também o trigo.

Por que então, o dono disse para arrancar o joio na hora da colheita? Porque a semelhança entre o joio e o trigo é tão grande, que só após a formação da espiga é possível distinguir um e outro. Apesar de o joio parecer muito com o trigo, ele não dá trigo; sua semente é venenosa, seu talo é mais rígido e ele cresce mais que o trigo. É justamente por isso que, no momento da colheita, o trigo, com o peso do seu fruto, arca e abaixa suas pontas, deixando em evidência o joio que, por ser mais alto e rígido, fica em pé. Logo, fica muito fácil para o empregado vir e arrancá-lo.

O dono ainda diz mais: pede para amarrar o joio em feixes, para usar como lenha na hora em que for assar o pão feito com o trigo.

Essa é a sabedoria que o Senhor quer que tenhamos: transformar o mal em bem, transformar o problema em solução. Já que não podemos arrancar totalmente o joio das nossas vidas, usemo-lo como lenha para aquecer o fogo da nossa oração. Muitas vezes, a matéria-prima para a oração do casal são os problemas que estão vivendo de fato, e que serão como um trampolim para chegarem até Deus. O olhar de fé sobre aquela situação fará vocês terem esperança e a certeza da vitória em Deus, pois tudo concorre para o bem dos que amam a Deus e Nele esperam.

Nesse caminho de paciência e de beleza, é preciso saber ver o que de bom o outro tem e, a partir disso, acreditar que ele é uma obra do Criador, um bom projeto de Deus. Por isso, o Papa Francisco disse que se trata de uma jornada espiritual, pois devemos nos deixar guiar pelo Espírito Santo e ser repletos dos seus dons para ver o outro com os olhos de Deus.

O demônio é mestre em aumentar os defeitos, para que não tenhamos olhos para as qualidades; basta olhar os programas telejornalísticos que mais dão audiência hoje em dia, mostrando somente desgraça o tempo todo; colocam até um helicóptero sobrevoando a cidade à procura daquilo que de pior esteja acontecendo, para levar ao vivo em primeira mão à tela da sua televisão ou do seu computador. Qual seria o objetivo disso? Manter-nos informados? Não, o objetivo é semear o joio, desencorajar-nos, para que nós digamos: "Não tem jeito mesmo, este mundo está perdido".

Desse modo, já não olhamos mais com esperança para as realidades em que vivemos, tampouco confiamos que Deus está conosco e que, por isso, somos vencedores, mesmo passando por muitas dificuldades.

Você já deve ter ouvido muitas pessoas dizerem, diante dos acontecimentos infelizes da vida: "Onde está Deus?" – como se a culpa fosse Dele, e como se Ele não se importasse conosco.

Esta é a grande meta do demônio: tirar a nossa fé e a esperança do nosso coração, porque ele sabe que uma pessoa que tem fé não desiste nunca; ela reza, reza, até que o milagre aconteça.

> O demônio se esforça muito em afastar uma pessoa da meditação, porque ele sabe que as pessoas perseverantes na oração estão perdidas para ele. (Santa Teresinha do Menino Jesus)

Pude experimentar isso na casa dos meus pais. Eu cresci vendo o sofrimento da minha mãe com o alcoolismo do meu pai, mas ela nunca desistiu dele. Quantas vezes eu fui com ela buscar meu pai no bar, à noite, nas madrugadas, e o encontrava bêbado, jogado, humilhado, na pior situação em que um homem pode estar. Diante de todo aquele sofrimento e humilhação, minha mãe não desistia, e dizia para nós: "Vamos rezar. O seu pai vai sair dessa situação; Deus nos dará a vitória".

Lembro-me de quantas madrugadas minha mãe me acordou e também a meus irmãos para rezar na sala de casa, pois meu pai ainda não havia chegado. Então, nos colocávamos todos de joelhos e ali implorávamos ao Pai do céu que livrasse meu pai do mal, dos vícios e o trouxesse para casa.

Foram muitas noites assim; fizemos várias penitências para que Deus libertasse meu pai do vício da bebida. Eu e minha mãe dormimos várias vezes em cima do estrado da cama, sem o colchão, como forma de penitenciar o nosso corpo; levantávamos cheios de dores nas costas, mas cheios de esperança de que Deus nos daria a vitória. Deixei também de tomar refrigerante, entre outras penitências, tudo para que o meu pai deixasse aquele vício terrível.

Não foi fácil. Por quantas humilhações nós passamos, mas Deus venceu!

Hoje, meu pai não bebe bebida alcoólica alguma, toca bateria na Igreja, participa das missas e do grupo de oração e é um pai maravilhoso, resgatado pelo amor de Deus. Onde abundou o pecado, superabundou a graça de Deus!

Ah! Como o demônio teme quem tem fé, pois ele sabe que será derrotado! Quem tem fé, tem à sua frente um Deus que é Pai, amoroso e misericordioso, e que não poupou seu próprio

Filho para nos salvar. Por isso, o inimigo tenta nos desestimular para que desanimemos e não cheguemos nem a rezar, pois sabe que, se recorrermos à oração, ele será derrotado.

Não desanime! Creia na vitória de Deus e faça a sua parte. A vitória está na presença do Senhor em sua casa e no seu Matrimônio.

Quando Jesus está presente, a vitória é certa. Entregue seu cônjuge nas mãos do Senhor – ele é um bom projeto de Deus. Peça ao Senhor que o restaure, que restaure o seu Matrimônio; Ele os ama infinitamente e quer reconstruir seu lar.

Ser grato pelos dons de Deus

É importante manter viva a consciência de que a outra pessoa é um dom de Deus, e dar graças sempre.
(PAPA FRANCISCO)

PRECISAMOS APRENDER A VALORIZAR e ter um profundo respeito pela pessoa com quem escolhemos passar a nossa vida inteira, pois ela nos foi dada por Deus como dom mais precioso.

Quando você escolheu o seu cônjuge, você o elegeu entre tantas outras pessoas, e o selecionou para construir uma família; você poderia ter escolhido qualquer outra pessoa, mas o escolheu. Então, é claro que ele é merecedor de tudo o que de melhor você puder oferecer: o seu melhor amor, o seu melhor sorriso, seu melhor humor, sua melhor atitude de paciência, porque ele é um dom, um presente na sua vida.

Mas é isso que acontece? Nem sempre. Como vivemos na mesma casa e partilhamos a mesma vida, com o tempo começamos a achar que somos "donos" da outra pessoa. Logo, perdemos o respeito e a admiração e, no intuito de ser verdadeiros, de sermos nós mesmos, de sermos transparentes, acabamos dando o nosso pior para a pessoa amada, fazendo-a sofrer, ferindo com palavras e gestos aquele(a) que escolhemos para construir uma vida juntos.

Você nunca será feliz se não aprender a ser grato e apreciar a maravilha que é a pessoa que Deus colocou ao seu lado. Nunca irá vivenciar a mais profunda intimidade, se não começar a sentir gratidão pela oportunidade de compartilhar sua vida com essa pessoa.

Acredite no seu Matrimônio, valorize o que é bom; comprometa-se a elogiar seu cônjuge pelo menos uma vez por dia. Todos nós precisamos de incentivo. Transforme a gratidão em uma raiz que fortaleça o seu relacionamento. Agradecer aquece a alma e nos recorda que a vida é um privilégio extraordinário. A alegria é fruto da apreciação e da gratidão.

> Lindo é quando alguém escolhe pousar ao seu lado, podendo voar. Podendo encontrar até outros ninhos, outros caminhos, escolhe ficar. (Autor desconhecido)

Qual foi a última vez que você olhou com reverência para seu cônjuge? Quando paramos para refletir sobre a extraordinária maravilha que é o ser humano e sobre o grande mistério do amor, nossa resposta é a reverência. E cada um de nós é templo de Deus, morada do Altíssimo. Seu cônjuge, por mais defeitos que possua, é templo de Deus, contém Deus.

Nunca me esqueci do que aprendi com o Pe. Léo a respeito do Matrimônio. Dizia ele: "O Sacramento do Matrimônio contém Deus; tocar em um casal que realizou em sua vida o Sacramento do Matrimônio é o mesmo que tocar em Jesus Eucarístico: contém Deus".

É a presença de Jesus que santifica e restaura todas as coisas. Olhe a grandeza e o valor desse sacramento. Por isso, o demônio o ataca tanto e tenta destruir as famílias, pois essa é a maneira que ele encontrou para atingir a Deus, uma vez que não pode vencê-Lo.

Somos obra-prima do Criador, criados à sua imagem e sua semelhança.

Reze comigo:

Obrigado, Senhor, pela vida do(a) meu(minha) esposo(a)...

Ele(a) é um grande dom na minha vida.

Obrigado pela oportunidade de partilharmos a vida juntos e construirmos um lar.

Obrigado pela nossa família e por tudo o que nos destes.

Obrigado, Senhor, por todas as bênçãos derramadas em nossas vidas.

Obrigado porque cremos que, em todos os momentos vividos até aqui, o Senhor esteve ao nosso lado, e estará sempre conosco.

Muito obrigado, Senhor!

Mantenha Cristo no centro do seu lar

Se o Senhor não edificar a casa, em vão
trabalham os que a constroem.
(Sl 127,1)

ESTA É A MAIOR REGRA. Ela realmente cobre todas as outras. Estamos plenamente convencidos de que não há como ser felizes sem a presença do Senhor. Coloque Cristo em primeiro lugar na vida de vocês. O real segredo da verdadeira felicidade no lar não é o incansável esforço para superar os problemas, mas sim, a união com Cristo. Quanto mais vocês forem de Deus, mas serão um do outro.

> Sendo queridos por Deus com a própria criação, o Matrimônio e a família estão interiormente ordenados a completarem-se em Cristo e têm necessidade da sua graça para serem curados das feridas do pecado e conduzidos ao seu "princípio", isto é, ao pleno conhecimento e à realização do desígnio de Deus. (FC int. 3)

É a presença do Senhor que fará com que o Matrimônio seja bem-sucedido e realize os desígnios de Deus para a família, pois com Ele aprendemos o que é amar. Com Ele aprendemos a superar todas as dificuldades, sem nos desesperar.

> Eu sou a videira e vós os ramos. Aquele que permanece em mim, como eu nele, esse dá muito fruto; pois sem mim, nada podeis fazer. (Jo 15,5)

O Evangelho é a cura para todos os casamentos que estão cheios de ódio, amargura e decepção. Ele renova as nossas esperanças e impede milhares de divórcios, por milagrosamente restaurar o amor e a felicidade.

> Reconhece-o em todos os teus caminhos, e ele endireitará as tuas veredas. (Pr 3,6)

Consagre o seu Matrimônio, seus filhos e sua casa ao Senhor, para que Ele lhes dê toda a graça de que precisam para serem fiéis um ao outro, e a sabedoria para enfrentar os problemas cotidianos com esperança e fé, sendo felizes como uma verdadeira família de Deus.

> O que fará pleno e profundamente verdadeiro o Matrimônio de vocês, será a presença do Senhor que se revela e dá a sua graça. É a sua presença que oferece o "vinho bom", é Ele o segredo da alegria plena, que realmente aquece o coração. (Papa Francisco)

Deixe Jesus se revelar a vocês com toda a sua graça. Talvez você não tenha poder para mudar muita coisa em sua casa, mas Jesus o tem, e é por isso que precisamos contar com a sua presença.

Diz Santo Agostinho: "O que é impossível à natureza, é possível à graça de Deus". Ele pode mudar todas as coisas e realizar o que não podemos com as nossas mãos.

Lute pela santidade de vocês, pelo Matrimônio e pela família. Coloque Jesus no centro de tudo. Tenha como meta obedecer à Sua voz, vivendo a Sua palavra no dia a dia, pois tudo concorre para o bem dos que o amam.

Dê espaço para que o Senhor reine em suas vidas. Crie momentos de diálogo e boas conversas que os levem a crescer na fé e no amor, e a conhecer mais o Senhor. Talvez você precise desligar a televisão para ter tempo para a leitura de um bom livro e da Palavra de Deus. Eduque-se em colocar a vontade de Deus em primeiro lugar na vida de vocês e em buscá-la com ardor para que sejam felizes. Para isso, a oração será a grande aliada de vocês.

Com Cristo no centro, o Matrimônio e a família serão plenos e felizes.

Espiritualidade conjugal

Neste caminho, é importante e necessária a oração. Peçam a Jesus para multiplicar o vosso amor. Na oração do Pai-Nosso nós dizemos: "Dá-nos, hoje, o nosso pão cotidiano". Os esposos podem aprender a rezar assim: "Senhor, dá-nos hoje o nosso amor cotidiano", ensina-nos a amar, a querer bem um ao outro! Quanto mais vocês se confiarem a Ele, mais o amor de vocês será "para sempre", capaz de se renovar e vencer todas as dificuldades.

(Papa Francisco)

O casal precisa ter vida espiritual, pois a vida matrimonial necessita da graça de Deus para os completar, fortalecer e inspirar, ajudando a superar os seus problemas do dia a dia. Deus mesmo quer estar presente e renovar o amor nas nossas famílias. Ele é a fonte do amor de cada casal; por isso, podemos recorrer a Ele com confiança, sem medo algum.

A espiritualidade conjugal é fazer acontecer o que diz o profeta Isaías: "O Espírito do Senhor repousa sobre mim, porque Ele me ungiu..." (cf. Is 62,1-6).

Podemos assumir essa maravilhosa verdade em nossas vidas e dizer: "O Espírito do Senhor repousa sobre nós, porque Ele nos ungiu e nos consagrou para transformar a nossa casa e este mundo em que vivemos em um pedaço de céu". A missão do casal é reproduzir Deus em suas vidas. Isso só é possível vivendo uma espiritualidade conjugal.

Nós vamos viver o nosso Matrimônio segundo o Espírito Santo, não mais do jeito e conforme a lógica deste mundo. Nós vamos agora viver de um jeito novo o nosso Matrimônio, numa oblatividade e austeridade, dando-nos um ao outro, no nosso modo de olhar, de amar, no jeito de corrigir o outro, pois marido e mulher têm que se corrigir; um é chamado a curar o outro, com amor e respeito, mas sem se omitir, pois ambos têm que melhorar muito. Afinal, o ser humano não pode parar de crescer nunca.

Tudo façamos com amor, não com autoritarismo, pois o marido não é o dono da esposa, nem a esposa dona do seu marido – o único Senhor de um casal cristão é Jesus. Por isso Paulo diz que precisamos viver o Matrimônio no Senhor; isso significa um matrimônio encarnado, que precisa ser construído de modo humano, sem ser mundano, revestindo-se do Senhor e da Sua graça.

O Sacramento é vivido no dia a dia do casal, no jeito em que um se doa ao outro, na forma como um se oferece ao outro; por isso, o marido e mulher precisam se cuidar, afinal, irão se oferecer a Deus através do seu cônjuge.

Ambos precisam caprichar para que deem o melhor de si para o outro, tanto no espiritual quanto também no físico, procurando encantar aquele(a) que Deus colocou ao seu lado. O Matrimônio é esse projeto lindo, maravilhoso e espiritual, mas que se realiza de forma humana no nosso dia a dia – no modo de falar, de abraçar, de servir um ao outro.

O caminho para isso será sempre a oração. Precisamos tomar a decisão de assumir as graças de Deus e rezar, como ensina o Papa, para que o Senhor nos dê o pão nosso de cada dia. Deus é fiel e generoso; Ele quer nos dar muito mais do que pedimos, porque é Pai.

A presença de Jesus nas Bodas de Caná significa que Deus quer estar presente nas nossas famílias, renovando todas as coisas, transformando a água em vinho, realizando o milagre em nossa vida, fazendo com que o Matrimônio seja o sinal eficaz da sua presença. Mas para que o milagre que precisamos aconteça em nossa casa, precisamos ser obedientes, como o foram os servos diante da ordem de Jesus: "Ide e enchei as talhas de água" (Jo 2,7).

Aparentemente, essa era uma ordem absurda, pois estava faltando vinho e não água. E, depois de as talhas estarem cheias, Jesus ainda manda que os servos as levem ao encarregado da festa para que ele prove o vinho, sem ter feito nada, nenhuma oração.

Se você estivesse no lugar daqueles servos, você iria? Você obedeceria à ordem de Jesus? Você teria coragem de pegar seis talhas de quase cem litros cada, e levá-las ao encarregado da festa para que ele experimentasse? Os servos sabiam que era água, pois foram eles que haviam pegado; sabiam também que o encarregado estava nervoso, preocupado, porque o vinho havia acabado...

Quando Jesus realizou o milagre? Ele não disse palavra alguma sobre a água.

Vejamos a passagem:

> No terceiro dia, houve um casamento em Caná da Galileia, e a mãe de Jesus estava lá. Também Jesus e seus discípulos foram convidados para o casamento. Faltando o vinho, a mãe de Jesus lhe disse: "Eles não têm mais vinho!". Jesus lhe respondeu: "Que é isso para ti e para mim, mulher? A minha hora ainda não chegou". Sua mãe disse aos que estavam servindo: "Fazei tudo o que ele vos disser!". Estavam ali seis talhas de pedra, de quase cem litros cada, destinadas às purificações dos judeus. Jesus disse aos que estavam servindo: "Enchei as talhas de água!". E eles encheram até a borda. Então disse: "Agora, tirai e levai ao encarregado da festa". E eles levaram. O encarregado da festa provou da água mudada em vinho, sem saber de onde viesse, embora os serventes que tiraram a água o soubessem. Então chamou o noivo e lhe disse: "Todo mundo serve primeiro o vinho bom e, quando os convidados já beberam bastante, serve o menos bom. Tu guardaste o vinho bom até agora". Este foi o início dos sinais, Jesus o realizou em Caná da Galileia. Manifestou sua glória, e os seus discípulos creram nele. (Jo 2,1-11)

Diante da ordem aparentemente absurda de Jesus, os servos não duvidaram, e levaram a água para que o encarregado da festa experimentasse. Jesus não era tão conhecido como é hoje, e mesmo assim eles obedeceram. No meio do caminho, enquanto caminhavam e obedeciam a Jesus, o milagre se realizou. E Jesus não apenas transformou aquela água em vinho – fez dela um vinho de ótima qualidade, a ponto de o encarregado ir perguntar ao noivo por que ele havia deixado o melhor vinho para o final.

Obedecer a Jesus não é fácil. Às vezes, Ele nos pede certas coisas que não compreendemos; no primeiro instante, chegamos até a pensar que "não tem nada a ver". São muitas as pessoas que pedem e querem que Deus realize um milagre em suas vidas, mas que, infelizmente, não querem obedecer a Ele.

A doutrina de Deus, porém, não é de modo algum um fardo para nós. Ele mesmo disse: "Porque o meu jugo é suave, e o meu fardo é leve" (Mt 11,30).

No entanto, neste mundo tão incrédulo, parece loucura ser cristão, dedicar tempo a Deus na oração, ser fiel ao casamento, perdoar, amar... Mas, se caminharmos com fé e obedecermos à sua voz, veremos o milagre se realizar no caminho; veremos que sua doutrina, seu amor e sua graça são o grande remédio de que precisamos para curar os estragos que o pecado causou em nossa vida e em nossos relacionamentos.

Jesus quer nos dar o melhor. Ele não se deixa vencer em generosidade. Ele sabe de tudo o que precisamos; a nossa parte é confiar e obedecer à sua voz. Por isso, Santa Faustina nos ensinou a rezar: "Jesus, eu confio em Vós!". Precisamos confiar no amor e na misericórdia do Senhor. Reze você também do fundo do seu coração: "Jesus, eu confio em Vós!".

> Portanto, quem ouve estas minhas palavras e as põe em prática, é como um homem prudente, que construiu sua casa sobre a rocha. Caiu a chuva, vieram as enchentes, os ventos deram contra a casa, mas a casa não caiu, porque estava construída sobre a rocha. Por outro lado, quem ouve estas minhas palavras e não as põe em prática, é como um homem sem juízo, que construiu sua casa sobre a areia.

> Caiu a chuva, vieram as enchentes, os ventos sopraram e deram contra a casa, e a casa caiu, e sua ruína foi completa! (Mt 7,24-27)

Se os casais tiverem a coragem de, em primeiro lugar, ouvir as palavras de Jesus, se colocar em oração e em escuta atenta à sua voz, terão mais paz, viverão mais felizes e terão mais certeza da vontade de Deus para suas vidas.

Impressiona-me também, na passagem das bodas de Caná, a sensibilidade de Nossa Senhora. Ao perceber que o vinho tinha acabado, ela não ficou parada, mas foi ao encontro de Jesus falar com Ele. Por isso, eu digo que não sou louco de caminhar sem Jesus e Maria no meu Matrimônio. Ela é mãe. E, como mãe, sabe as necessidades dos seus filhos; mesmo sem que estes lhe peçam, ela se adianta e pede a Jesus que realize o milagre.

Há tanta gente que tem medo de amar Nossa Senhora, de rezar e pedir a sua intercessão! Essas pessoas têm medo de estar sendo idólatras, como se ela fosse ocupar o lugar de Deus. Isso é, sim, uma grande tentação, pois o demônio não quer que Maria, a Mulher que esmagou sua cabeça, esteja presente em nossas famílias – e onde está Maria, está também Jesus.

Eu e Fábia consagramos as nossas vidas a Nossa Senhora das Graças, mesmo antes de começarmos a namorar. Trazemos em nossos dedos uma aliança de consagração, e ela, como mãe, nunca nos desamparou e está sempre presente na nossa história.

Rezamos todos os dias esta oração a Nossa Senhora com nossos filhos, pedindo a sua proteção:

Debaixo de Vossa proteção nos refugiamos, ó Santa Mãe de Deus. Não desprezeis as nossas súplicas em nossas necessidades, mas livrai-nos sempre de todos os perigos, ó Virgem gloriosa e bendita. Amém!

Não se preocupe: por mais que você ame Nossa Senhora, você nunca irá amá-la como Jesus amou.

O casal que não *alimenta* a espiritualidade não vai conseguir *viver* a espiritualidade. Temos o compromisso, em casa, de participarmos juntos todos os dias da Santa Missa e de rezarmos o terço em família com os nossos filhos. É o que nos sustenta e nos dá força para realizarmos a nossa missão. É na celebração da Santa Missa que o Senhor nos alimenta, cura os nossos corações, nos faz repensar as nossas atitudes, mudando a nossa vida e não nos deixando acomodados ao nosso modo de viver, chamando-nos sempre à conversão.

> A Eucaristia é a fonte própria do Matrimônio cristão. O sacrifício eucarístico, de fato, representa a aliança de amor de Cristo com a Igreja, enquanto sigilado com o sangue da sua Cruz. Neste sacrifício da Nova e Eterna Aliança é que os cônjuges cristãos encontram a raiz da qual brota, é interiormente plasmada e continuamente vivificada a sua aliança conjugal. (FC 57)
>
> O Terço é a oração que sempre acompanha a minha vida; é também a oração dos simples e dos santos... é a oração do meu coração. (Papa Francisco)

Outra graça maravilhosa que buscamos é o Sacramento da Confissão.

> A confissão é semelhante a uma travessia, pois o homem atravessa, pela confissão, da margem do pecado para a margem da reparação. (Santo Antônio de Pádua)

Quanto tempo faz que vocês não se confessam? Esse é outro grande presente que o Senhor nos deu para libertar a nossa vida dos fardos terríveis do pecado. Mas, infelizmente, o que vemos são casais que há anos não se confessam e desprezam esse maravilhoso Sacramento que Jesus nos deixou – e depois não sabem por que as coisas não dão certo em suas vidas...

> Se o doente insistir em esconder do médico sua ferida, como poderá a medicina curá-lo? (São Jerônimo, sobre a confissão dos pecados)
>
> Se o pecado os atingir, não desanimem, mas recorram com humildade e perseverança à misericórdia que, com prodigalidade, é generosamente dada no Sacramento da Penitência. (Paulo VI, na Encíclica *Humanae Vitae*)

O casal cristão não vai chegar à fonte do perdão se não beber do perdão divino, nem irão conseguir amar um ao outro se não beberem da fonte do amor de Deus. O casal que deixar de lado a espiritualidade, arrumando sempre desculpas para não ir à Missa e participar dos Sacramentos, em breve estará separado – se não separados da mesma casa, separados fisicamente e no coração.

Como diz Santo Agostinho, é o Espírito Santo quem coloca a lágrima da contrição no coração do pecador. Sem o Espírito Santo, não há verdadeiro arrependimento e conversão, não há amor.

Outra grande graça que buscamos para alimentar a nossa espiritualidade, e que aprendemos com o Mons. Jonas Abib na comunidade Canção Nova, é fazer o estudo bíblico diariamente, e deixar que a Palavra de Deus faça parte de nossa vida e a molde.

É a Palavra de Deus que tem poder para nos instruir, nos curar e nos libertar, destruindo as obras das trevas. Ela precisa fazer parte da vida de cada casal cristão que quer caminhar na vontade de Deus. Às vezes, gasta-se demasiado tempo com novelas e outros programas de TV, e não se tem tempo para ouvir e meditar a Palavra de Deus.

> A Palavra de Deus é luz para a inteligência, fogo para a vontade, para que o homem possa conhecer e amar a Deus... É martelo contra a dura obstinação do coração, nos vícios contra a carne, o mundo e o demônio; é espada que mata todo o pecado. (São Lourenço de Brindes)

Desliguem a televisão e dediquem mais tempo à Palavra de Deus.

Da mesma forma, o casal que não alimentar sua espiritualidade jamais saberá o que é o verdadeiro prazer sexual, o prazer verdadeiro que toma conta da alma, que sabe combinar no ato matrimonial o corpo, a alma e o humano com o divino.

A falta da espiritualidade conjugal tornou-se uma das grandes assassinas do amor, pois sem a força que vem do Senhor, ninguém persevera no amor. Sem a graça de Deus, ninguém passa da paixão ao amor, nem achará sentido para a vida conjugal.

Os casais cristãos precisam urgentemente ajudar um ao outro a se alimentar, para que possam crescer no amor e vencer os desafios próprios da vida a dois com o auxílio que vem do céu, pois o Sacramento do matrimônio é o lugar onde acontece marcante união do humano com o divino.

Orem juntos

É URGENTE QUE OS CASAIS comecem a rezar juntos e confiar suas vidas ao Senhor. Rezar é convidar Jesus para que faça parte da vida de vocês. Esse é o segredo de um matrimônio feliz. Lamentavelmente, as famílias deixaram de rezar juntas; elas já não têm mais tempo para a oração. Marido e mulher precisam rezar juntos e se apresentar diante de Deus como são, pedindo-lhe a sua graça cotidiana, sem a qual não poderão ser fiéis.

O Catecismo da Igreja Católica ensina que a oração é a vida da alma, e que se não nos deixarmos levar pelo Espírito Santo, cairemos de novo na escravidão do pecado:

> Como o Espírito Santo pode ser nossa vida se estamos longe Dele? Nada se compara ao valor da oração; ela torna possível o que é impossível, fácil o que é difícil. É impossível que caia em pecado o homem que reza. (CIC n.2744)
>
> Quanto mais vocês se confiarem a Ele, mais o amor de vocês será para sempre. (Papa Francisco)

Deus é a fonte de todo o amor. Sem Ele no Matrimônio, não há fidelidade nem felicidade. A oração é um grande dom que Deus nos deu para dialogarmos com Ele como filhos. Posso falar com meu Pai do Céu que Ele me escuta, pois sei que me ama.

O casal pode e deve rezar aquilo que é a sua vida do dia a dia; não é preciso procurar palavras bonitas para falar com Deus, ou orações grandes ou pequenas, porque não é isso que fará com que Deus ouça vocês – Jesus mesmo no ensinou no Evangelho que a oração que mais agrada a Deus é a oração sincera, como foi a do publicano no templo:

> Dois homens subiram ao templo, para orar, um fariseu e o outro publicano. O fariseu, estando em pé, orava consigo desta maneira: "Ó Deus, graças te dou, porque não sou como os demais homens, ladrões, injustos e adúlteros; nem ainda como este publicano. Jejuo duas vezes na semana e dou os dízimos de tudo quanto possuo". O publicano, porém, estando em pé, de longe, nem ainda queria levantar os olhos ao céu, mas batia no peito, dizendo: "Ó Deus, tem misericórdia de mim, que sou pecador". (Lc 18,9-18)

O que agrada a Deus é ver a verdade, a contrição do nosso coração, as lutas que temos enfrentado para sermos fiéis, os fracassos que tivemos e a confiança que temos em Lhe entregar tudo isso, para que Ele nos ajude a ser melhores.

A Igreja nos ensina a permear o nosso dia de oração; por exemplo, fazer um momento de oração e reflexão ao levantar, agradecendo a Deus pelo dom da vida, entregando a Ele o novo dia que se inicia, e pedindo a graça de não cairmos nos mesmos erros de ontem. Assim também na hora do almoço: além de agradecer-Lhe seus dons, verificar como vivemos o nosso dia até aquele momento. E à noite, antes de deitar, nos colocarmos na presença de Deus e verificar com Ele o que foi bom o que não deu certo, agradecer-Lhe, pedir perdão e dormir em paz com Deus, certos da Sua presença.

É claro que aqui estou apenas dando exemplos, mas você pode ir além, santificando cada instante do seu dia com a oração, num diálogo de amor com Deus. Será muito mais fácil fazer tudo com Ele; você verá.

Do mesmo jeito que você se ama e ama sua esposa, com carinho você deve rezar por ela. Se pela manhã, antes de ir para o trabalho, vocês rezarem juntos um pelo outro – ou os dois juntos – e à noite, antes de se deitarem, rezarem novamente, conversarem e se perdoarem, não haverá brecha alguma para o demônio destruir o Matrimônio de vocês.

Santo Agostinho diz que "sem Deus, não se pode conservar a vida da alma".

Os casais podem tomar posse do dom da oração rezando juntos. Infelizmente, são muito poucos os casais que rezam juntos. Como é bom receber a oração de alguém, não é mesmo? Imagine então do seu cônjuge. Nas palestras que ministro para os casais, sempre enfatizo a importância de um rezar pelo outro. E se não tiverem a coragem de rezar em voz alta, rezem em silêncio, mas rezem.

Ou, se o seu conjugue não quiser saber de oração, reze por ele enquanto estiverem deitados na cama. Coloque sua mão sobre ele e comece a rezar no silêncio, pedindo ao Senhor que o abençoe e transforme sua vida, que o encha do Espírito Santo e lhe dê toda a graça para realizar sua missão de marido/esposa. Nenhuma família se desfará enquanto, sinceramente, rezarem juntos e se confiarem à proteção de Deus.

> Eu vos digo: se dois de vocês se unirem para pedir qualquer coisa, seja o que for, em meu Nome, meu Pai que está nos céus o concederá. (Mt 18,19-20)

Aqui está um segredo maravilhoso na vida de oração de um casal. Nenhuma outra pessoa no mundo pode se unir tanto quanto você e sua esposa ou você e o seu marido, e o que Deus uniu, ninguém separa. Precisamos tomar posse dessa palavra e começar a rezar, a transformar a nossa casa em um lugar de oração. A Palavra de Deus está dizendo que, unidos em oração, poderemos pedir qualquer coisa ao Pai do céu e Ele concederá. Se vocês não estão recebendo as graças de que o seu matrimônio precisa, é porque talvez vocês não estejam rezando unidos, ou nem sequer rezando.

Reze comigo:

Senhor Jesus, quero te agradecer pela vocação que nos deste ao Matrimônio, e por nos ter dado a graça de constituirmos uma família.

Consagro ao teu Sagrado Coração meu cônjuge (...), nossos filhos (...), nossa casa.

Ajuda-nos, com a Tua graça, a sermos uma família feliz, de amor e oração, um santuário de vida e esperança, onde o Teu Amor reine em nossos corações e nos leve a vencer todo o mal, superando as angústias e tristezas desta vida.

Dai-nos a graça de viver plenamente os Teus desígnios para a nossa família.

Revela-Te a cada um de nós pessoalmente. Queremos ter uma experiência pessoal contigo para que, conhecendo-Te, possamos ser pessoas melhores, cristãos que sejam sal e luz neste mundo, levando-Te a ser mais conhecido e amado.

Queremos ser santos, Jesus, pois sabemos que a santidade é o caminho para a felicidade plena. Por isso, suplicamos a Tua graça em nossas vidas, sem a qual não conseguiremos alcançar essa meta.

Tu sabes tudo. Sabes o quanto somos fracos e pecadores, necessitados do Teu amor e do Teu perdão.

Fica conosco sempre, Jesus, nos dias claros e nas noites escuras da nossa vida, sendo o farol que nos guia em meio às trevas.

Recebe a nossa família e guarda-a no mais profundo do Teu coração, livrando-a de todo mal.

Amém.

A importância do perdão

ESTAR UNIDOS TAMBÉM É, muitas vezes, ter a coragem de pedir e dar o perdão ao(à) esposo(a). Às vezes, preferimos dormir com a cara fechada, chateados, em vez de dizer ao outro: "Me perdoe, eu errei", ou: "Eu te perdoo, fique em paz".

> Quem pede desculpas é o mais valente. O primeiro a perdoar é o mais forte. E o primeiro a esquecer é o mais feliz. (Papa Francisco)

Por isso, Jesus disse que precisamos nos assemelhar às crianças, pois elas esquecem rapidamente as ofensas e retornam a convivência facilmente, sem ficar relembrando os erros do outro e, por isso, são mais felizes. Nós, os adultos, ao contrário, às vezes insistimos em ficar remoendo os fatos que nos fizeram infelizes, permanecendo chateados; demoramos muito para retomar o relacionamento. Ninguém irá conseguir dizer "eu te amo" se não aprender a dizer também "me perdoe", por uma questão muito simples: por mais bem-intencionados que sejamos, será impossível conviver a dois verdadeiramente, sem nos machucarmos um ao outro.

A pessoa que neste mundo mais vai machucar você é o seu marido, sua esposa, pois é com ele(a) que você vive e, às vezes, um machuca o outro sem querer. Se não perdoarmos, não será possível a convivência.

Amar é perdoar, é cultivar o amor, é ter a coragem de entrar no coração e tirar todo o ressentimento, toda mágoa que está me fazendo mal. A primeira reação de um coração ferido é se fechar ao outro. A pessoa não fala porque é difícil falar, é difícil reconhecer que aquilo que ela fez machucou você – ainda mais sendo ela a pessoa que eu amo e que demonstra me amar. Mas, justamente por isso, o perdão é a maior prova de amor no casamento; ele renova as forças e une o casal. O perdão é o caminho mais rápido para a cura do coração, das brigas e situações que acontecem no dia a dia. Não somos perfeitos, e quando perdoamos, vemos a alegria voltar ao nosso coração.

A Palavra de Deus ensina que o verdadeiro perdão nasce de um amor que não leva em conta o mal sofrido (cf. 1Cor 13,4-5).

A natureza do cristão é perdoar. A força do perdão nos leva a deixar para trás aquilo que não presta. Lixo é para jogar no lixo; cada vez que você não perdoa, está guardando lixo no seu interior. A mágoa esfria o relacionamento e o torna pesaroso. Perdoar é derramar remédio sobre aquilo que me feriu.

Quem não perdoa não tem paz, nem comunhão com Deus nem com o próximo, e acaba adoecendo física, emocional e espiritualmente. A vingança parece, no primeiro momento, nos causar um certo alívio, mas ela é fútil, aparente e insatisfatória. Ela pode até proporcionar o prazer de se sentir por cima, vencedor(a)... Mas vencedor do quê? Para você vencer, o outro teve que perder... A vingança não cura a dor, a mágoa, a frustração; pelo contrário, só as aumenta. Se não perdoo, me torno refém da mágoa.

Algumas pessoas acham que precisam "sentir" para perdoar, mas o perdão não é apenas sentimento. É uma questão de decisão firme da minha vontade, é uma atitude que levará à libertação da minha pessoa e de quem me magoou. Não existe perdão que não possa ser dado. É um exercício contínuo.

A chave do perdão para com o próximo é o perdão que Deus nos deu. Quem tem dificuldade de perdoar é porque esqueceu a sua condição de pecador, esqueceu que foi perdoado. O perdão brota da Cruz de Cristo; cada um de nós custou o sangue de Deus na Cruz.

> Pedro dirigiu-se a Jesus, perguntando: "Senhor, quantas vezes devo perdoar, se meu irmão pecar contra mim? Até sete vezes?". Jesus respondeu: "Digo-te não até sete vezes, mas até setenta vezes sete. O Reino dos Céus é, portanto, como um rei que resolveu ajustar contas com seus servos. Quando começou o ajuste, trouxeram-lhe um que devia uma fortuna inimaginável. Como o servo não tivesse com o que pagar, o senhor mandou que fosse vendido como escravo, junto com a mulher, os filhos e tudo o que possuía, para pagar a dívida. O servo, porém, prostrou-se diante dele pedindo: 'Tem paciência comigo, e eu te pagarei tudo'. Diante disso, o senhor teve compaixão, soltou o servo e perdoou-lhe a dívida. Ao sair dali, aquele servo encontrou um dos seus companheiros que lhe devia uma quantia irrisória. Ele o agarrou e começou a sufocá-lo, dizendo: 'Paga o que me deves'. O

> companheiro, caindo aos pés dele, suplicava: 'Tem paciência comigo, e eu te pagarei'. Mas o servo não quis saber, saiu e mandou jogá-lo na prisão até que pagasse o que estava devendo. Quando viram o que havia acontecido, os outros servos ficaram muito sentidos, procuraram o senhor e lhe contaram tudo. Então o senhor mandou chamar aquele servo e lhe disse: 'Servo malvado, eu te perdoei toda a tua dívida, porque me suplicaste. Não devias tu também ter compaixão do teu companheiro, como eu tive compaixão de ti?'. O senhor irritou-se e mandou entregar aquele servo aos carrascos, até que pagasse toda a dívida. É assim que o meu Pai que está nos céus fará convosco, se cada um não perdoar de coração ao seu irmão". (Mt 18,21-35)

A dinâmica do perdão é a mesma ensinada por Jesus no Pai-Nosso: "Perdoai as nossas ofensas, assim como nós perdoamos a quem nos ofendeu". Não haverá casamento nem família saudáveis, sem o exercício do perdão.

Como perdoar? Deixando que seu coração seja revestido pela ternura e amor do Coração de Jesus – e isso acontecerá pela força de Deus, por meio da oração.

Rezemos:

Senhor, muitas vezes eu não tenho vontade de perdoar, mas como cristão eu quero, eu decido perdoar, como o Senhor me perdoa; porque também eu sou pecador e erro muitas vezes. Ajuda-me a perdoar meu(minha) esposo(a) de todo mal que ele(a) me fez, e a libertá-lo(a) do meu coração, mesmo que ele(a) não reconheça o seu erro nem peça perdão, pois o perdão é o único caminho para reconstruir o que pecado destruiu em nós, e fazer a alegria retornar à nossa casa. Amém.

Vede como se amam

Essa deveria ser a exclamação feita a cada casal cristão. O Papa João Paulo II, quando pregou para as famílias no ano 2000, disse: "Casais cristãos, sejam para o mundo um sinal do amor de Deus; o mundo deve olhar para os casais cristãos e dizer que é possível viver o amor".

> O Matrimônio cristão se torna, por sua vez, sinal eficaz, Sacramento da aliança de Cristo e da Igreja. O Matrimônio entre batizados é um verdadeiro Sacramento da nova aliança, pois significa e comunica a graça. (CIC 1617)

Como portador da graça de Deus, cada casal cristão é chamado a comunicar ao mundo de forma explícita, com seu modo de viver, a beleza de se amarem e de serem um. O Sacramento do Matrimônio os convoca a viver essa comunhão de amor, que é tão profunda e revestida de mistério, que faz do homem e da mulher – através do amor e do pacto conjugal – uma só carne. E vai muito além no momento do ato conjugal, em que os dois não só se doam na reciprocidade dos corpos, mas também se tornam uma só alma e um só coração.

A comunhão entre ambos irá crescendo e se aprofundando a cada dia, na vivência da fidelidade de um ao outro nas pequenas coisas. A vontade de Deus para cada casal é que tenham uma unidade profunda, a ponto de que nada e ninguém possa separá-los, tendo os mesmos projetos de vida e os mesmos objetivos. Um casal unido vive na verdade e não mente um para o outro; eles tomam as decisões juntos, caminham juntos, têm um mesmo plano. Se houver mentiras e dissimulação, não é casamento.

O casal irá se complementar um ao outro; não há nesse mundo algo mais profundo do que a unidade entre marido e mulher. O Papa João Paulo II disse que, no amor de marido e mulher, nós temos a expressão do amor de Deus. Assim como na Santíssima Trindade há um amor tão profundo que a torna uma só pessoa, assim também Deus quis fazer com o casamento, com os casais. Existem casais que alcançaram tudo o que desejavam financeiramente, mas fracassaram na vivência do Sacramento e não vivem bem juntos.

Preservar a unidade não significa, necessariamente, nunca se desentender, mas saber dar a manutenção devida no relacionamento quando isso ocorrer. Não há casal que não tenha problemas – isso faz parte do casamento e do ajustamento conjugal. Mas a questão não está em ter problemas, e sim em não saber superá-los com amor e carinho.

A grande beleza e vitória no casamento é saber superar as diferenças, as dificuldades e os defeitos que cada um trouxe para a vida a dois. Não somos anjos, e o lindo no casamento é saber construir o outro de fato. Mesmo um casal que parecia perfeitamente ajustado em seu período de namoro e noivado descobrirá a necessidade de ir se ajustando, à medida em que os anos vão passando. Não é uma tarefa fácil, uma vez que as diferenças são muitas; mas não é impossível. Contudo, quando aprendemos a ter como denominador o amor de Deus que nos move e que nos une, então conseguimos o ajuste cedendo, perdoando, recomeçando, acreditando, amando...

Cada casal deve entender que o Matrimônio é uma missão sagrada, que exige maturidade de ambos; isto é, devem estar preparados para cumprir seus papéis como esposos fiéis e pais dedicados, crescendo juntos e se multiplicando nos filhos. Não é uma "curtição a dois"; é a missão de construir uma família no amor e na unidade. Para que isso se concretize, eu não poderei dizer *sim* ao outro, se não disser *não* a mim mesmo muitas vezes.

"Vede como se amam!". Podemos dizer também: "Como confiam um no outro, e juntos em Deus!", ou ainda: "Como partilham a vida com alegria e o fazem com amor!". Essa é, sem dúvida, a maior contribuição que Deus espera dos casais cristãos neste mundo, um testemunho de comunhão e amor – comunhão esta que é, por vezes, quebrada a partir do nosso orgulho, das pequenas infidelidades e decisões erradas que fazemos ao preferir a nós mesmos em desfavor do cônjuge.

O livro do Atos dos Apóstolos diz:

> A multidão dos que abraçavam a fé eram um só coração e uma só alma. Ninguém considerava suas as coisas que possuía, mas tudo entre eles era posto em comum. (At 4,32)

Sem dúvida alguma, essa passagem pode ser dada também como exemplo para cada casal cristão que foi ungido pelo Senhor para formar uma só carne.

> Por isso o homem deixa seu pai e sua mãe, e se une à sua mulher, e eles se tornam uma só carne. Isso significa uma unidade indefectível de suas duas vidas; o próprio Senhor no-lo mostra lembrando qual foi, na origem, o destino do Criador. De modo que já não são dois, mas uma só carne. (CIC 1605)

Cada casal é chamado a pôr em comum seus sonhos, aspirações, sentimentos, vontades, suas alegrias e tristezas, como também seu dinheiro e todos os seus bens. Tudo isso é sinônimo de fidelidade e amor.

Conheço muitos casos em que o marido não revela à esposa o quanto ganha, por não confiar nela e ter medo de que, sabendo o seu real salário, ela gaste mais do que ele lhe dá. Começa aí a quebra da unidade entre os dois, e isso também é infidelidade, uma forma de trair a confiança da esposa.

A mentira não pode, de maneira alguma, fazer parte da sua vida, e muito menos do seu Matrimônio. Por causa dela, muitos casais perderam a confiança um no outro, quebrando a aliança. Um marido que não é transparente com sua esposa na parte financeira, abrirá brechas para esconder dela outras coisas.

A Palavra de Deus é clara quando fala da mentira:

> Vós tendes por pai o diabo, e quereis satisfazer os desejos de vosso pai. Ele foi homicida desde o princípio, e não se firmou na

> verdade, porque não há verdade nele. Quando ele profere mentira, fala do que lhe é próprio, porque é mentiroso, e pai da mentira. (Jo 8,44)

Nós podemos e devemos viver na verdade, para construir um relacionamento sério, saudável, capaz de durar por toda a vida. Ao perceber que o cônjuge não está dizendo a verdade, que ele vive mentindo, é natural que a outra pessoa se feche e já não confie mais nele. O coração vai se endurecendo, o amor vai minando e a alegria de partilhar a vida vai se perdendo em meio às desilusões causadas pelas constantes mentiras.

É na verdade que cada casal irá construir um matrimônio forte e duradouro.

> Se permanecerdes em minha palavra, sereis verdadeiramente meus discípulos, e conhecereis a verdade, e a verdade vos tornará livres. (Jo 8,32)

Todos os bens e rendas no casamento devem ser algo "nosso", e não "seu" nem "meu". Ambos devem pôr tudo em comum, o dinheiro, as contas a pagar, os planos e necessidades, e decidir juntos quais serão as prioridades. O marido deve prover a sua mulher que não trabalha fora de casa alegremente, e não com má vontade ou sob protesto.

Poucas coisas irão fortalecer mais seu casamento do que aconselhar-se mutuamente em todas as decisões importantes de suas vidas, pois elas com certeza irão afetar os dois. Decidir coisas em comum irá evitar muitos problemas na vida em comum.

Isso também é fidelidade, e é assim, sendo fiel nas pequenas coisas – para também sê-lo nas grandes – é que o amor conjugal irá se fortalecer e criar raízes profundas. A fidelidade é uma virtude que o Espírito Santo molda em nosso coração de cristão. Pelo exercício da fidelidade nas pequenas coisas do dia a dia, acabamos desenvolvendo essa virtude nas coisas que nos custam mais.

Planejem suas vidas buscando caminhar juntos, sendo fiéis um ao outro, pois é assim que se fortalece um sim para sempre. Conversem e encontrem, no diálogo e na verdade, um caminho de crescimento na comunhão e na unidade do casal.

Mesmo se houve infidelidades na vida de vocês, com a graça de Deus e cheios do Espírito Santo, poderão reconstruir uma vida nova alicerçados em Jesus, que renova todas as coisas.

É possível recomeçar sempre!

Quem ama, cuida

O AMOR SE EXPRESSA NO CUIDADO. A palavra tem até o poder de seduzir o outro, de fazê-lo acreditar que é amado, mas o amor se concretiza mesmo é no cuidado. Sentir-se amado é saber-se cuidado.

O amor não é sentimento. Desde muito cedo fomos condicionados a pensar assim, e o resultado é nos deixarmos conduzir pelos sentimentos. Porém, vemos que os sentimentos estão sempre mudando e confundem nosso coração. Eles são um dos aspectos mais volúveis do ser humano; por isso, não deveriam guiar nossas ações e nossas vidas.

O amor é uma escolha e não um sentimento. É algo que fazemos e não simplesmente algo que nos acontece. É a única escolha verdadeiramente sábia que podemos fazer. Se perguntarmos para a maioria das pessoas quais são as prioridades na sua vida, com certeza dirão: "Em primeiro lugar Deus, a família, depois o trabalho o lazer...".

Porém, ao analisar o dia a dia e os compromissos dessas pessoas, vemos que estão de fato tão atarefadas, que mal sobra tempo para Deus e sua família. Se forem bem sinceras consigo mesmas, verão que geralmente dedicam muito pouco tempo para o que realmente tem importância em suas vidas.

A vida é bela, mas passa muito rápido.

Havia uma jovem muito rica, que tinha tudo: um marido maravilhoso, filhos perfeitos, um emprego que lhe pagava muitíssimo bem, uma família unida.

O estranho é que ela não conseguia conciliar tudo isso; o trabalho e os afazeres lhe ocupavam todo o tempo, e a sua vida estava deficitária em algumas áreas.

Se o trabalho lhe consumia muito tempo, ela tirava dos filhos, se surgiam problemas, ela deixava de lado o marido... E assim, as pessoas que ela amava eram sempre deixadas para depois. Até que um dia, seu pai, um homem muito sábio, lhe deu um presente: uma flor muito cara e raríssima, da qual havia apenas um exemplar em todo o mundo. E disse a ela: "Filha, esta flor vai te ajudar muito mais do que você imagina! Você terá apenas que regá-la e podá-la de vez em quando, às vezes conversar um pouquinho com ela, e ela te dará em troca esse perfume maravilhoso e essas lindas flores".

A jovem ficou muito emocionada; afinal, a flor era de uma beleza sem igual. Mas o tempo foi passando, os problemas surgiam, o trabalho consumia todo o seu tempo, e a sua vida, que continuava confusa, não lhe permitia cuidar da flor.

Ela chegava em casa, olhava a flor e as flores ainda estavam, lá; não mostravam sinal de fraqueza ou morte, apenas estavam lá, lindas, perfumadas.

Então, ela passava direto. Até que um dia, sem mais nem menos, a flor morreu. Ela chegou em casa e levou um susto! Estava completamente morta; suas raízes estavam ressecadas, suas flores caídas e suas folhas amarelas.

> A jovem chorou muito, e contou a seu pai o que havia acontecido. Seu pai, então, respondeu: "Eu já imaginava que isso aconteceria, e eu não posso te dar outra flor, porque não existe outra igual a essa; ela era única, assim como seus filhos, seu marido e sua família. (Autor desconhecido)
>
> *Fonte: www.mundodasmensagens.com/mensagem/pessoas-uma-flor-rara.html*

Muitos matrimônios estão morrendo pela falta de cuidado dos casais. Os esposos correm tanto e se ocupam com tantos afazeres, que já não têm mais tempo para cuidar um do outro. Se até mesmo uma planta sente a falta de cuidado e morre, imagine um ser humano. É preciso cuidar para que a atenção e o carinho com o outro não diminuam. O amor é uma flor rara, que precisa ser cultivada para não morrer.

Onde e com quem você gasta o seu tempo?

Às vezes, pensa-se que o fato de morar juntos e de ter as coisas em comum já é cuidar o suficiente da pessoa com quem se casou. Porém, como vimos na história, apesar de a planta apresentar uma beleza aparente, ela estava morrendo pela falta de cuidado; tal realidade é igual à de muitas pessoas que estão vivendo uma "solidão acompanhada" – apesar de estarem casadas, vivem solteiras, sem partilhar a vida e o amor. É uma existência em que não existe diálogo, cuidado e atenção para com a outra pessoa.

Passamos a nossa vida inteira correndo atrás dos nossos compromissos com uma lista de coisas inadiáveis para fazer. O grande problema é que as coisas mais importantes da vida raramente são urgentes.

Tenho tido a oportunidade de acompanhar alguns plantios e cultivos de fruta, e em todos eles percebi que só colhe bons frutos quem cultiva a terra, irriga-a e a aduba; quem leva a sério e trabalha a terra para torná-la fértil. Cultivar um amor de verdade é como cultivar um jardim – ou seja, requer cuidados. Se não cuidarmos, logo o mato e as pragas que estão no solo tomarão conta do jardim e o arrasarão. Temos um jardim em casa, e para mim é como uma terapia ir lá quase todos os dias e arrancar os matos que vão nascendo; mas não é só isso, é preciso também ir podando as plantas para conduzir o seu crescimento, de forma que elas fiquem fortes e bonitas.

Assim também é o seu coração e o coração de quem está ao seu lado. Investir no casamento é, acima de tudo, cultivar o amor que está presente no outro, cultivar o jardim que é o outro. Devemos cuidar um do coração do outro, para que possam crescer o amor e as virtudes, e diminuírem os vícios que, como as pragas do solo, estão presentes em nossa vida.

O solo onde plantamos a semente do amor é o coração. E, por ser um solo delicado, você precisa ser muito cuidadoso. Regue a semente com amor, carinho e compreensão. Aprender a amar é, como vimos, aprender a viver para o outro. Despertar e estimular o amor todos os dias é o milagre do amor conjugal, que não se concebe fora do matrimônio. É por isso que o amor conjugal bem vivido nos conduz a uma forma muito elevada de perfeição.

A Igreja tem uma linda oração rezada na Santa Missa, em que pede ao Senhor que, passando em meio às coisas que passam, que nós saibamos ficar com as que não passam. Isso serve para nos ensinar a ficar com o que realmente é mais importante. A vida muda quando as nossas atitudes e hábitos mudam também. Nossa vida se transforma não por mera sorte, mas quando mudamos os nossos hábitos. Precisamos aprender a gastar tempo com aqueles que amamos, pois o amor é a única coisa que levaremos desta vida.

> O amor não busca agradar a si mesmo, nem destina qualquer cuidado a si próprio, mas se dá facilmente ao outro, e constrói um paraíso no desespero do inferno. (William Blake)

Amar é cuidar. O homem e a mulher devem cuidar um do outro e seduzir-se com a sedução do profeta Jeremias: "Tu me seduziste, Senhor, e eu me deixei seduzir" (Jr 20,7a).

Cuidar de si mesmo para dar o melhor de si para o outro não é vaidade. Vaidade é fazer tudo para se mostrar para os outros. Mas cuidar de si, cuidar da sua aparência para sempre encantar a pessoa com quem você se casou é amar. Só não se cuida, hoje em dia, quem não quer, quem não tem Deus, para assim dar o melhor de si para o outro, e tudo isso com muita modéstia, sem grandes gastos. Quem ama se cuida, porque descobriu que precisa dar o seu melhor para fazer o outro feliz.

O casal precisa investir em si mesmo, disciplinando-se a fazer atividades frequentes que os levem ao crescimento no amor e a criar raízes sólidas. Rezar juntos, passear, fazer uma boa caminhada pelo menos uma vez por semana, para colocar a conversa em dia, enfim, quanto maior for o número de atividades que conseguirem fazer juntos, mais sintonizados estarão um com o outro, ajudando-se a ser melhores e felizes a cada dia.

É fácil nos envolvermos somente nas tribulações e preocupações da vida, e acabarmos negligenciando um ao outro. Por isso se faz necessário investir em alimentar o relacionamento a dois num convívio mais frutuoso. Gastem quanto tempo for possível, fazendo coisas juntos. Aprendam a se cumprimentar com entusiasmo, passeiem juntos, não negligenciem as pequenas cortesias e atos afetuosos. Surpreendam-se com pequenos atos de amor; não tome mais do casamento do que você coloca nele. O divórcio em si não é o maior destruidor do matrimônio, mas sim, a falta de amor. Casais felizes são aqueles que têm relacionamentos dinâmicos, que priorizam seus relacionamentos e, com isso, têm uma experiência mais rica de vida.

O poder das palavras

Todos nós tropeçamos em muitas coisas. Aquele que não tropeça no uso da língua é um homem perfeito, capaz de refrear também o seu corpo todo. Se pomos freio na boca do cavalo para que nos obedeça, conseguimos controlar todo o seu corpo. Reparai também nos navios: por maiores que sejam, e impelidos por ventos impetuosos, são, entretanto, conduzidos por um pequeníssimo leme, na direção que o timoneiro deseja. Assim também a língua, embora seja um membro pequeno, se gloria de grandes coisas. Comparai o tamanho da chama com o da floresta que ela incendeia! Ora, também a língua é um fogo! É o universo da malícia! Está entre os nossos membros, contaminando o corpo todo e pondo em chama a roda da vida, sendo ela mesma inflamada pelo inferno! De fato, toda espécie de feras, de aves, de répteis e de animais marinhos pode ser domada e tem sido domada pela espécie humana. Mas a língua, nenhum ser humano consegue domá-la: ela é um mal que não desiste e está cheia de veneno mortífero. Com ela bendizemos o Senhor e Pai, e com ela amaldiçoamos as pessoas, feitas à imagem de Deus. Da mesma boca saem bênção e maldição! Ora, meus irmãos, não convém que seja assim. (Tg 3,2-11)

A FALA É UM DOS DONS mais poderosos que o ser humano possui, podendo ser usada de forma positiva, para animar as pessoas, ou de forma negativa, puxando-as para baixo. Suas palavras podem dar ao seu cônjuge a força necessária para ir atrás dos seus sonhos, ou desanimá-lo totalmente. Por isso, precisamos cuidar com aquilo que falamos e como falamos, pois palavras perniciosas e amargas são o inimigo número um dos casais. Com a língua, abençoamos ou amaldiçoamos as pessoas feitas à imagem e semelhança de Deus. Da mesma boca saem benção e maldição.

Não é fácil, porém precisamos buscar, com a ajuda de Deus, a graça de não usarmos a nossa língua para ferir, magoar ou pior, amaldiçoar as pessoas que amamos. Muitas vezes feridos, acabamos ferindo com palavras amargas e maldosas. Como podemos falar assim com as pessoas que amamos? Isso é muito sério. No mundo já existe muita gente falando palavras perniciosas e malditas o tempo todo... Não seja mais um!

Muitas vezes, meu temperamento me leva a brigar e a falar, falar e falar... Depois, me arrependo do que falei e volto para pedir perdão; porém, sei que as marcas ficam.

Você já ouviu essa história?

Pregos e a Madeira

Havia um menino que tinha um temperamento difícil. Seu pai deu-lhe um saco de pregos e disse-lhe que, a cada vez que perdesse a paciência, pregasse um prego na cerca dos fundos de sua casa.

No primeiro dia, o menino pregou trinta e sete pregos na cerca. Então, foi diminuindo gradualmente. Ele descobriu que era mais fácil conter seu temperamento do que bater pregos na cerca.

Finalmente, chegou o dia em que o menino não perdeu mais a paciência. Ele contou isso ao seu pai, que sugeriu que agora o menino tirasse um prego da cerca para cada dia em que ele conseguisse conter seu temperamento.

> Os dias foram passando e o menino pôde, finalmente, contar a seu pai que não havia mais pregos na cerca. O pai pegou o filho pela mão, levou-o até a cerca e disse: "Você fez bem, meu filho, mas veja os buracos na cerca. A cerca nunca mais será a mesma. Quando você fala coisas com ódio, elas deixam uma cicatriz como estas. Você pode enfiar uma faca em um homem e tirá-la. Não importa quantas vezes você diga que sente muito, a ferida continuará lá. Uma ferida verbal é tão ruim quanto uma física".
>
> "Amigos são joias raras", continuou o pai. "Eles nos fazem sorrir e nos encorajam a seguir em frente. Eles nos dão ouvidos, nos consolam e sempre estão dispostos a abrir o coração para nós". (Autor desconhecido)

Da mesma forma, podemos dizer: "O meu cônjuge é uma joia rara. Vale a pena me esforçar para não feri-lo".

Muitas e muitas vezes, ferimos um ao outro com palavras duras, e mesmo que depois voltemos arrependidos para pedir perdão – tirar os pregos –, o buraco ficará ali, e só o amor e a força do perdão irão reconstruir o que se perdeu com a ofensa.

> Em geral, cada um de nós está pronto para acusar os outros e nos justificarmos. É um instinto que está na origem de muitos desastres. (Papa Francisco)

Devemos dar uma atenção especial à nossa forma de falar, uma vez que importa não só o que falamos, mas também a forma como falamos e como a outra pessoa entende. Devemos evitar conversas exaltadas e em tom de briga, pois não levarão a nada. E quando um se exaltar, é preciso que o outro mantenha a calma.

> Uma resposta calma aplaca a ira, mas a palavra dura atiça o furor. (Pr 15,1)

E nisso nós, homens, devemos redobrar o cuidado, pois, por natureza, somos mais racionais e tendemos a ter palavras mais duras e grosseiras.

> Maridos, amais vossas esposas e não sejais ásperos com elas. (Cl 3,19)
>
> De igual modo, vós, os maridos, convivei de modo sensato com vossas mulheres, tratando-as com respeito por sua constituição mais delicada e por elas serem, como vós, herdeiras da graça da vida. Isso para que vossas preces não encontrem obstáculo. (1Pd 3,7)

O casal deve sempre evitar pôr em risco a paz na sua família com atitudes apressadas, grosseiras e agressivas. É preciso ter calma e evitar a irritação mútua, os gritos, as ofensas, não jogar no rosto do outro os erros do passado, nunca ir dormir brigados, e procurar sempre dizer uma palavra amorosa, um elogio, que são poderosos comunicadores do amor. Saber pedir perdão quando se errou, saber corrigir o outro com amor – e nunca na frente dos outros ou dos filhos. Agindo assim, venceremos as nossas fraquezas e limitações e construiremos a felicidade conjugal.

Certo dia, estávamos eu e Fábia conversando, e a conversa acabou virando discussão; logo, em vez de ouvir e compreender um ao outro, começamos a nos acusar. Ao ouvir as acusações dela, fui ficando muito irritado e, quando já estava pronto para responder e brigar com ela, comecei a clamar em silêncio: “Vinde, Espírito Santo, vinde, Espírito Santo, vinde, Espírito Santo...”.

Saí de perto dela e fui rezando, a oração foi me acalmando... Então, saí de casa e fui para o trabalho; quando cheguei lá, fui tomado de uma grande alegria, por não ter brigado e a ofendido como fizera outras vezes. Na sequência, peguei o celular, liguei para ela e disse: "Meu bem, Deus venceu e nós não brigamos... Não foi o ódio ou a discórdia que venceram, mas Deus". E não sentimos o peso da culpa que sempre fica após uma discussão. Se nos alegramos momentaneamente ao ganhar uma discussão, após a briga, ficamos tristes ao constatar que o casamento perdeu, que as palavras mais destruíram do que construíram.

Sem o Espírito Santo, não há como viver um Matrimônio feliz; é Ele quem nos equilibra e tempera a nossa vida; é Ele quem nos renova e nos dá vida nova. Se na sua vida você acumula muitas derrotas, se o seu casamento é um fracasso, vocês precisam pedir: "Vinde, Espírito Santo!". Deus quer vencer na sua vida, na vida de cada família, e o que nós precisamos fazer é clamar por Ele.

O Catecismo da Igreja católica nos ensina que Adão pecou porque não clamou a Deus na hora da provação; ele preferiu a si mesmo do que a Deus, deixando morrer em seu coração a confiança no Criador (CIC 397-398).

Se chamarmos por Ele, Ele nos atenderá, virá em nosso auxílio e nos ajudará; por isso, o Matrimônio é divino e não pode ser vivido somente de modo humano, carnal; precisamos do auxílio de Deus. Pois, como diz Santo Ambrósio, "Deus, que te colocou na luta, não te deixará sozinho para que percas a batalha".

Se o Senhor o chamou a uma vocação, Ele lhe dará forças para vivê-la. Se chamou vocês ao Matrimônio, dará as graças necessárias para fazer de vocês mais que vencedores.

Que o Senhor nos encha com o seu Espírito Santo e nos ajude para que possamos controlar o nosso falar e o nosso agir, de forma que as nossas palavras mais construam do que destruam as pessoas.

A vida sexual

Os atos com os quais os cônjuges se unem íntima e castamente são honestos e dignos. Quando realizados de maneira verdadeiramente humana, significam e favorecem a mútua doação pela qual os esposos se enriquecem com o coração alegre e agradecido. A sexualidade é fonte de alegria e de prazer.
(CIC 2362)

O próprio Criador estabeleceu que nesta função os esposos sentissem prazer e satisfação do corpo e do espírito. Portanto, os esposos não fazem nada de mal em procurar este prazer e em gozá-lo. Eles aceitam o que o Criador lhes destinou. Contudo, os esposos devem saber manter-se nos limites de uma moderação justa.
(Papa Pio XII)

É LINDA A MANEIRA COMO a Igreja se expressa a respeito da sexualidade no Matrimônio. Ela é querida e abençoada por Deus, criada por Ele para enriquecer e aprofundar o amor do casal.

A relação sexual é um gesto de amor intenso dos esposos, manifestado através do respeito, carinhos, abraços, beijos e atenções mútuas, terminando enfim, num gesto de amor, isto é, numa doação total do corpo com o corpo. A relação sexual, quando realizada com amor, não só manifesta o amor recíproco, mas também une cada vez mais o casal.

A sexualidade tem duas finalidades na vida de um casal: a unitiva e a procriativa, em que são chamados a dar a vida e a participar do poder criador e da paternidade de Deus (CIC 2363).

Os esposos não devem visar unicamente o prazer, mas a felicidade e a promoção total um do outro. Por isso, as relações sexuais devem ser preparadas com muito amor e carinho, e não conduzidas de qualquer jeito. Muitas vezes, a maneira mecânica com que o sexo é experimentado faz com que a mulher perca o desejo, pois são duas dimensões completamente diferentes – o sexo na cabeça de um homem tem uma dimensão, uma função, e na cabeça da mulher tem outra; ambas precisam ser valorizadas e levadas a sério. O bom casamento é o que consegue harmonizar tudo isso.

No homem, a excitação sexual é mais rápida e vigorosa, enquanto na mulher é mais lenta. O sexo, para a mulher, passa muito mais pela dimensão do carinho e do afeto; mas para o homem não, pois ele tende a ser mais prático. Isso pode gerar um desinteresse na mulher, daí a necessidade de o homem ter paciência e calma.

A adaptação sexual é fonte de harmonia, de maior paz, felicidade e estabilidade entre o casal. Muitos casais têm dificuldade no sexo, justamente quando a relação sexual acaba tendo apenas uma dimensão prática, quando alguém nessa relação está ocupando quase que o lugar de um objeto. Daí surgem tremendas e dolorosas decepções – e até separações.

Os casais precisam ficar muito atentos a tudo isso, pois o sexo faz parte do casamento; ele é, sem dúvida, um fator importantíssimo para a vida do casal, para o seu crescimento; mas também é, antes de tudo, consequência de uma vida amorosa, que é muito maior do que uma relação genital. A harmonia sexual do casal depende muito da harmonia conjugal. E aqui vale a pena distinguir a relação sexual da genital.

A relação sexual querida por Deus para a felicidade e união do casal não é apenas uma relação genital; você pode muito bem ter uma relação genital sem ter tido uma relação sexual. A relação sexual abrange todas as dimensões afetivas e espirituais da pessoa.

Uma prostituta, por exemplo, que não tem o menor envolvimento com o seu cliente, tem somente uma relação genital com ele. Ela não sabe quem é aquela pessoa, nem procura se envolver com ela, e isso é muito triste, pois está declarando ao seu próprio corpo a condição de ser objeto do outro. Ele paga, usa e vai embora.

Muitos casais, infelizmente, estão vivendo a sua relação sexual somente na dimensão genital, porque falta o envolvimento, o amor, o respeito pelo outro, o cuidado, o contexto das delicadezas que são tão importantes para a mulher.

O homem precisa se converter diariamente para fazer sua mulher feliz, porque ele tem uma forma muito diferente de compreender a sua sexualidade, e é impressionante como o homem amadurece no momento em que se dispõe a compreender a sexualidade a partir do coração da sua esposa. A mulher é um ser delicado e sensível; qualquer desatenção e grosseria pode ofendê-la e inibi-la – esta é a psicologia feminina.

Até mesmo as fisiologias do corpo do homem e da mulher nos ajudam a compreender que a sexualidade masculina é externa, projeta-se para fora, enquanto a da mulher não – seu órgão sexual está todo para dentro, e seu prazer é todo interno; então, essa profundidade pertence ao contexto feminino. Por isso, a mulher não pode abrir mão dessa profundidade para render-se a um homem que, muitas vezes, tem uma facilidade muito grande de viver apenas a dimensão prática da sexualidade; fazendo isso, ela estaria privando o seu marido de crescer e dar um salto de qualidade na vida sexual.

É por isso que um casamento bem vivido pode trazer uma riqueza e uma conversão do homem; ele passará a entender a própria sexualidade a partir de como a sua esposa interpreta, e viver a sua sexualidade profundamente, como ela de fato é. Teremos, desse modo, um casal que está se enriquecendo com as diferenças.

Porém, quando a vida sexual não é vivida nessa perspectiva, os casamentos acabam caindo na mesmice, dentro de uma rotina. Quando o homem não é capaz de evoluir na dimensão do aprofundamento dessa sexualidade, ele corre o risco de se tornar apenas um "macho" dentro de casa. Ou então nem isso – por ele não ter sido capaz de compreender a sexualidade da mulher e enriquecer a sua, acaba ficando indiferente a tudo isso.

Como resultado, acontece a falta de interesse sexual da mulher. Nesse instante, entra o demônio tentando os dois a serem infiéis: a mulher é tentada a se negar ao marido, e o homem a buscar fora do Matrimônio a sua satisfação sexual.

> Não vos recuseis um ao outro... a fim de que Satanás não vos tente, por vossa falta de domínio próprio. (1Cor 7,5)

Precisamos entender que o casamento requer essa dimensão sexual. A sexualidade no Matrimônio faz parte de um plano maravilhoso de Deus, que não só a criou, mas a dotou de dignidade e sentido. Você, homem, precisa continuar desempenhando o papel de sedutor, mesmo depois de tantos anos juntos, e ainda hoje preservar essa sedução bonita, saudável, de serem desejáveis um ao outro, porque conseguiram descobrir a pedra preciosa que é a sexualidade.

Alguém já disse que o difícil não é conquistar várias mulheres, mas o grande desafio é conquistar a mesma mulher todos os dias.

A mulher também pode e deve fazer sua parte sendo simples e espontânea, não se negando ao seu marido, participando ativamente na relação sexual e não só passivamente. Os dois devem ajudar-se mutuamente para realizar uma relação sexual normal, prazerosa e plena. Esse é o dever e o direito dos casados, como expressou o Papa Pio XII.

> As mulheres precisam estar cientes de que o ato conjugal para o seu esposo é a mais forte experiência de prazer que ele pode ter nesta

> vida. Ele geme em êxtase no orgasmo. Não há palavras adequadas para expressar essa fantástica experiência. E foi Deus que fez assim; certamente isso tem um significado profundo, como já vimos. (Prof. Felipe Aquino, *Vida sexual no casamento*, p. 86)

Um homem realizado sexualmente com certeza será um marido muito melhor; carinhoso, paciente, capaz de se doar com mais alegria à sua esposa, realizando seu papel de esposo e pai. O contrário também é válido: um marido insatisfeito se torna impaciente, grosseiro, ansioso; fecha-se ao relacionamento, tendo até mesmo sua vida profissional afetada.

> Uma mulher que sabe satisfazer seu marido, mesmo sem plena satisfação própria, é muito mais amada por ele, e esteja certa de que receberá sua recompensa por isso. Além do mais, elas devem entender que a vida sexual do casal é importante para o enriquecimento dos dois. (*Vida sexual no casamento*, p. 90)

O homem e a mulher devem se ajudar para que ambos cresçam e se enriqueçam mutuamente. Devem ter a coragem de conversar sobre a forma como estão vivendo a relação sexual, o que agrada e o que desagrada cada um, pois o sexo vivido de maneira errada na vida de um casal é a porta aberta por onde o diabo pode entrar para fazer um estrago na vida dos dois.

Infelizmente, muitos casais têm deixado o demônio entrar nos seus relacionamentos através da pornografia que eles têm trazido para dentro de suas casas, incorporando à sua vida sexual verdadeiros instrumentos diabólicos – fantasias, vídeos pornográficos, revistas – com a desculpa de que isso serviria para "incrementar" a relação. No entanto, esses recursos fazem da sexualidade, que deveria ser fonte de alegria e prazer, uma fonte de depravação e destruição. Se o amor que vocês têm um pelo outro não for o melhor incremento, nada será.

Sejam criativos, sim, mas sem perder a dignidade. A maior criatividade da vida sexual para que vocês se sintam amados é o carinho, o afeto e a dedicação, pois os maridos não podem esquecer que suas esposas são sagradas, são templos do Espírito Santo.

> Fugi da devassidão. Em geral, todo pecado que uma pessoa venha a cometer é exterior ao seu corpo. Mas quem pratica a imoralidade sexual peca contra seu próprio corpo. Acaso ignorais que vosso corpo é templo do Espírito Santo que mora em vós e que recebestes de Deus? Ignorais que não pertenceis a vós mesmos? De fato, fostes comprados, e por um preço muito alto! Então, glorificai a Deus no vosso corpo. (1Cor 6,18-20)

É preciso tomar cuidado com essa mentalidade mundana que está transformando as mulheres e homens em objeto e emporcalhando a sexualidade. O maior incremento da vida sexual será sempre o carinho, o afeto, a dedicação, o amor. Isso sim nos faz sentir amados!

Se não tiver o amor, depois do prazer você jogará o outro fora. O amor vivido no ato sexual tem que promover ambos na sua dignidade. Os casais cristãos precisam lutar para que sua sexualidade seja prazerosa e feliz, vivida na pureza e na castidade, sem essas aberrações que, infelizmente, têm feito parte da vida de tantos casais.

Tenho ouvido casos horríveis em que casais saem juntos num final de semana e têm a coragem de trocarem de parceiros como se troca de roupa. Meu Deus, quanta aberração! Aonde vamos chegar? O objetivo que o diabo tem com tudo isso é destruir o valor de uma sexualidade bem vivida e ordenada para a vida, e acabar com o Matrimônio.

Se você faz parceria com o diabo, o seu casamento está em risco. Se você permite que sua dignidade seja atentada, está pondo o seu casamento em risco. Este corpo que você está abraçando é templo do Espírito Santo.

> O Matrimônio seja honrado por todos, e o leito conjugal, sem mancha: pois Deus julgará os libertinos e os adúlteros. (Hb 13,4)

Por isso, não deixem que os problemas vividos na sexualidade pela falta de harmonia conjugal destruam o Matrimônio de vocês. Busquem ajuda, encarem o problema e se ajudem para que toda a alegria e beleza da sexualidade querida por Deus para cada casal sejam experimentadas e vividas por vocês.

A sexualidade é um grande dom de Deus. Por isso é tão lamentável que muitos descubram a sexualidade a partir da vida genital, o que seria uma porta fácil para a sua destruição. Porque não sei se existe outra coisa que nos faça sentir pior do que um sexo mal vivido, mal direcionado.

A vida sexual do casal é muito importante e precisa ser levada a sério. A falta de uma sexualidade bem vivida tem levado muitos casais a crises e à separação.

O dom dos filhos

Deus abençoou-os e disse-lhes: "Crescei e multiplicai-vos, enchei e dominai a terra" (Gn 1,28)

O amor conjugal se expressa pela genitalidade e, portanto, está sempre orientado para a fecundidade. Não se pode separar o aspecto unitivo do procriativo no ato sexual, pois isso seria contra a natureza do próprio ato. O Catecismo da Igreja Católica ensina que o amor do casal é criador por vontade de Deus:

> A fecundidade é um dom, um fim do Matrimônio, porque o amor conjugal tende a ser fecundo. O filho não vem de fora acrescentar-se ao amor mútuo dos esposos; surge no próprio âmago dessa doação mútua, da qual é fruto e realização. A Igreja "está ao lado da vida", e ensina que qualquer ato matrimonial deve estar aberto à transmissão da vida. (CIC, 2366)

Na maternidade da mulher, unida à paternidade do homem, reflete-se o mistério eterno do gerar que é próprio de

Deus, que é uno e trino (cf. Ef 3,14-15). Deus quis que cada casal participasse do seu poder criador e da sua paternidade:

> Chamados a dar a vida, os esposos participam do poder criador e da paternidade de Deus. Os cônjuges sabem que, no ofício de transmitir a vida e de educar – o qual deve ser considerado como missão própria deles – são cooperadores do amor de Deus criador. (CIC, 2367)

Eu e a Fábia, minha esposa, temos a alegria de ter três filhos, que são um grande presente de Deus para nós. É a grande realização da nossa vida. Nada se compara à graça de ser pai, nenhum sucesso profissional ou bens desse mundo. Qualquer outra coisa que fizermos aqui um dia acabará, mas o filho não, porque é eterno. Ele recebeu de Deus uma alma imortal; por isso, nada será tão grande quanto ao ato de gerar e educar um ser humano.

> O filho não é algo devido, mas um dom. O dom mais excelente do Matrimônio, e constitui um benefício máximo para os próprios pais. (CIC, 2378)

Infelizmente, há hoje no mundo uma grande tentação que tomou conta inclusive dos casais cristãos, de que nos tempos em que vivemos não se pode ter muitos filhos. Antigamente, um filho era mais uma alegria, mais dois braços para trabalhar e ajudar os pais; hoje, tornou-se um peso, porque é mais uma escola, mais uma faculdade, mais despesas, dor de cabeça, menos tempo livre para o casal...

Lembro-me que, quando nós tivemos o segundo filho, muitos disseram: "Agora está bom, né? Hoje em dia, com essa vida corrida, não é bom ter muitos filhos...". E graças a Deus tivemos o terceiro filho, que veio enriquecer e alegrar ainda mais a nossa vida. O mundo está nos enganando, dizendo que é loucura ter filhos. É claro que a vida depois dos filhos muda muito, e graças a Deus que é assim. Muda em todos os sentidos; pois quando chega um filho, chega também a alegria; a vida é preenchida, e o dia a dia do casal não é mais o mesmo.

Quantas e quantas vezes eu chego em casa cansado, estressado pelo dia cansativo no trabalho, e sou refeito quando abraço e beijo as crianças e vou brincar com elas. A gente se torna um com eles, e ri das coisas mais simples da vida... Aliás, nós, adultos, complicamos muito a vida; as crianças a tornam mais leve e simples. Como aprendemos com elas!

Também é verdade que, com a chegada das crianças, os compromissos mudam; as prioridades agora são outras. Eu e minha esposa já não vivemos para nós mesmos, e precisamos adaptar a nossa vida e compromissos por causa deles. Mas isso de maneira alguma é um fardo para nós; pelo contrário, somos apaixonados pelos nossos filhos e dificilmente saímos de casa sem eles, a não ser para o trabalho e algumas reuniões em que não podemos levá-los. Fazemos questão de acompanhar de perto a educação e o crescimento de cada um, aproveitando ao máximo para amá-los, pois a vida passa rápido demais, a infância voa e, quando percebemos, os nossos filhos já estão crescidos.

O Salmo 127,3-5 diz:

> Os filhos são um dom de Deus, é graça sua o fruto do ventre. Como flechas na mão de um guerreiro, são os filhos gerados na juventude. Feliz quem tem uma aljava cheia deles: não ficará humilhado quando vier à porta para tratar com seus inimigos.

Uma aljava era uma bolsa que geralmente comportava até vinte flechas de reserva para uso numa batalha. O salmista compara os filhos gerados na juventude com as flechas do arqueiro, e como é importante para o arqueiro ter muitas flechas na sua aljava para poder caçar e se defender dos perigos. Há uma promessa que o Senhor faz aos pais generosos, dizendo que não ficarão humilhados diante dos inimigos, pois os filhos irão perpetuar seu nome e cuidar da sua velhice.

A promessa do Senhor nos assegura que os filhos são e sempre serão uma bênção e nunca uma maldição, pois vieram para trazer muitos benefícios à vida do casal.

O Santo Papa João Paulo II disse que o casal precisa estar aberto à vida:

> A tarefa fundamental da família é o serviço à vida. É realizar, através da história, a bênção originária do Criador, transmitindo a imagem divina pela geração de homem a homem. A fecundidade é o fruto e o sinal do amor conjugal, o testemunho vivo da plena doação recíproca dos esposos. (FC, 28)
>
> O amor conjugal deve ser plenamente humano, exclusivo e aberto à nova vida. (GS, 50; FC, 29).

O sinal do amor conjugal é a fecundidade. Não precisamos ter medo de ter filhos; eles não vêm para atrapalhar, mas para enriquecer e dar sentido à vida do casal. Quanto mais nos gastamos pelos nossos filhos, mais somos felizes. Este é o grande sinal de que trazemos em nós a paternidade de Deus: Ele nos tornou fecundos para que pudéssemos doar as nossas vidas em favor dos nossos filhos e, assim, encontrar a verdadeira realização como pais.

> O dom recíproco da pessoa no Matrimônio abre-se para o dom de uma nova vida, de um novo homem, que é também pessoa à semelhança de seus pais. A maternidade implica desde o início uma abertura especial para a nova pessoa: e precisamente esta é a "parte" da mulher. Nessa abertura, ao conceber e dar à luz o filho, a mulher "se encontra por um dom sincero de si mesma". O dom da disponibilidade interior para aceitar e dar ao mundo o filho está ligado à união matrimonial, que – como foi dito – deveria constituir um momento particular do dom recíproco de si por parte tanto do homem como da mulher.
>
> (João Paulo II, na carta *Mulieris Dignitatem*)

O Santo Papa João Paulo II diz também, nessa carta, que a mulher tem como vocação a maternidade física ou espiritual, ou seja, a mulher foi feita para amar, para dar a vida. Essa maternidade, essência da identidade feminina, não está encerrada num "determinismo biológico", como se a mulher servisse apenas para "dar à luz" – muitos, inclusive e erroneamente, dizem que este é o pensamento da Igreja a respeito da mulher –, mas, antes de tudo, a sua capacidade de gerar a vida, biológica e espiritual, por meio do amor.

> Ser mãe é um profundíssimo dom de si. Na maternidade, a mulher vai se doar, pelo resto da vida, ao cuidado, à preocupação da educação e formação. Qualquer tentativa de eliminar a maternidade e o amor materno na mulher seria um desastre não só para o sexo feminino, mas, antes de tudo, para a humanidade. Se o amor materno é um mito, a mulher também o é, pois sua vocação, missão e realização, ou seja, todo o seu ser está em doar-se ao mundo num belo, fecundo e genuíno amor de mãe. A maternidade foi se tornando, na mentalidade contemporânea, um peso. Se a sociedade começar a enxergar a maternidade como um peso, nós estaremos condenadas ao egoísmo, à prisão do fechamento e do não amor.
>
> (Emmir Nogueira, Comunidade Shalom)

Infelizmente, hoje em dia muitos casais estão se fechando ao dom da vida. Há casais que, inclusive, têm boa condição financeira e uma boa estrutura familiar, e que poderiam ter vários filhos, mas que, ao invés disso, preferem cuidam de animais de estimação como se fossem seus filhos – em vez de gerar e cuidar dos filhos que Deus quer lhes dar. Não que seja errado ter um bicho de estimação; porém, ele nunca poderá substituir o dom de gerar, dar à luz e educar um filho. Jamais a mulher poderá se realizar mais em outra vocação do que na maternidade. É aí que ela coopera de maneira mais extraordinária com Deus na obra da criação e, consequentemente, é aí que ela encontra a sua verdadeira realização. São Paulo afirma a Timóteo que "a mulher será salva pela maternidade" (1Tm 2,15).

A mulher foi feita para a maternidade, a mulher é a própria maternidade. Quantos exemplos de mulheres que, por mil motivos, não geraram a vida no seu ventre, mas que, por natureza, por já possuírem no coração a vocação de ser mãe, são realizadas profundamente pela adoção de uma criança.

Da mesma forma, podemos afirmar, com certeza, que será imensa a dor da mulher que, em vez de gerar a vida, vier a matá-la ainda no seu ventre, praticando o aborto; mesmo que esse seja aprovado pelas leis do país, jamais o será diante de Deus. Lembro-me que, certa vez, fui chamado para rezar e conversar com uma jovem de vinte e sete anos que estava muito mal, depressiva, querendo tirar a própria vida. Ao rezar por ela e depois conversarmos, ela me contou que tinha praticado um aborto, forçada pelo namorado que não queria o filho, e que desde então não tinha mais sossego. Era constantemente atormentada pelas lembranças do aborto e se sentia destruída por dentro, como se sua vida tivesse acabado. Após conversarmos, encaminhei-a a um sacerdote para que ela se confessasse e fosse perdoada por Deus daquele pecado mortal terrível que a estava atormentando.

O que dizer de uma atitude dessas? Muitos, infelizmente, são a favor do aborto, como se ele fosse uma solução maravilhosa para quem engravidou e não quer ter filhos, ou descobriu alguma complicação na gravidez, por qualquer que seja o motivo, ou ainda por aqueles que dizem que o aborto é a solução para erradicar a pobreza e a violência no mundo. Não, não foi para isso que a mulher foi feita e chamada por Deus. Ela foi criada para dar a vida, faz parte da sua essência dar a vida e não matá-la. E, por mais que as leis do governo liberem e declarem lícito o aborto, e que se façam campanhas publicitárias caríssimas incentivadas pela indústria abortiva apoiando e incentivando sua prática, a mulher sabe que, se vier a praticá-lo, estará se autodestruindo e destruindo a sua essência mais profunda, que é dar a vida e não matá-la. E isso não precisa ser dito a ela, pois está gravado no seu coração. E, aqui, não adianta atacarem a Igreja dizendo que ela é retrógrada, antiquada ou conservadora, pois ela é mãe, e nenhuma mãe quer ver a morte das suas filhas e filhos. Se ela conserva a vida, é porque sabe que a vida é o dom mais excelente que podemos ter. Alguém já disse que todos os que são a favor do aborto já nasceram.

> A Sagrada Escritura e a prática tradicional da Igreja veem nas famílias numerosas um sinal da bênção divina e da generosidade dos pais (CIC, 2373; GS, 50,2)

Não tenha medo de ter filhos. Não deixe que o medo tome conta do seu coração, seja por qual for o motivo, pois Deus não os abandonará; Ele proverá o necessário. Poderá faltar às vezes o churrasco, mas Deus não deixará faltar o pão de cada dia, pois Ele é Pai, o Pai do céu. Temos experimentado isso em nossa vida; com Ele, é possível educar cada filho, basta que o casal se ame, crie um lar saudável, e vivam para os filhos, com todas as suas forças e com toda dedicação.

> E qual o pai dentre vós que, se o filho lhe pedir pão, lhe dará uma pedra? Ou, também, se lhe pedir peixe, lhe dará por peixe uma serpente? Ou, também, se lhe pedir um ovo, lhe dará um escorpião? Pois se vós, sendo maus, sabeis dar boas dádivas aos vossos filhos, quanto mais o Pai celestial. (Lc 11,11-13)

Casais católicos, não tenham medo da vida. Famílias católicas, não tenham medo da vida. (Papa João Paulo II)

Como em Nazaré, assim em qualquer outra família, torna-se Deus presente e insere-se na vida humana. De fato, a família, que é a união do homem e da mulher, destina-se por sua natureza à procriação de novos homens, que são acompanhados na existência por uma diligente ação educativa no seu crescimento físico, mas sobretudo no espiritual e moral. A família é, portanto, o lugar privilegiado e o santuário onde se desenvolve toda a grande e íntima aventura de cada pessoa humana, pessoa que não pode repetir-se. Competem assim à família deveres fundamentais, cujo generoso desempenho não pode deixar de enriquecer abundantemente os principais responsáveis da família, tornando-os cooperadores mais diretos de Deus na formação de homens novos.

Eis aí porque é a família insubstituível e, como tal, é defendida com todo o vigor. É necessário nada deixar de intentar para que a família não seja substituída. Requerem-no não só o bem "privado" de cada pessoa, mas ainda o bem comum de toda a sociedade, nação e estado. A família está colocada no centro mesmo do bem comum nas suas várias dimensões, exatamente porque nela é concebido e nasce o homem. É necessário fazer todo o possível a fim de que este ser humano – desde o princípio, desde o momento de ser concebido – seja querido, esperado, vivido como valor especial, único e sem possibilidade de ser repetido. Deve sentir que é importante, útil, caro e de grande valor, ainda que seja inválido ou diminuído; mais, por isto mesmo deve ser ainda mais querido. (Papa João Paulo II, discurso aos jovens na Basílica Vaticana, 3/1/1979)

Fonte: http://www.clerus.org/bibliaclerusonline/pt/h1d.htm

A indissolubilidade do Matrimônio

O DOM DO SACRAMENTO do Matrimônio convoca os esposos cristãos a permanecer fiéis um ao outro para sempre, para além de todas as provas e dificuldades, em generosa obediência à santa vontade do Senhor: "O que Deus uniu, não separe o homem" (Mt 19,26).

O homem e a mulher, diante das dificuldades encontradas e vividas no Matrimônio, são muitas vezes tentados a pensar somente em si, em seu conforto, em sua carreira, em seu ego ferido, e a buscar na separação a solução para os seus problemas. Esquecem, assim, o chamado e a missão que têm de construir uma vida a dois em meio a alegrias e tristezas, superando as adversidades que a vida lhes apresenta.

Jesus nos ordena que não se separe o que Deus uniu, porque Ele sabe que a solução dos problemas enfrentados na vida a dois não está em se *separar*, mas sim em *superar*. Certa vez, fui procurado por um casal que estava separado há algum tempo, para que pudéssemos conversar e rezar juntos, pois apesar de gostarem um do outro, não suportavam mais conviver na mesma casa devido aos defeitos de ambos. Comecei a ouvir primeiro o marido, que me relatou os defeitos da sua esposa e os inúmeros motivos que faziam com que ele estivesse separado dela; depois, ouvi a esposa, que apresentou os defeitos do seu esposo e a forma com que via a vida dos dois. No relato de ambos, percebi duas pessoas feridas e carentes, que buscavam ser felizes no Matrimônio e estavam totalmente incertos do amor do outro, pelo fato de não ter suas vontades e desejos realizados no casamento.

Fiz questão de mostrar a eles que, em primeiro lugar, todos os casais encontram muitos problemas na vida a dois. Relatei que eu também tenho muitos problemas na convivência com a minha esposa, como ela também tem comigo, e que 95% dos nossos problemas enfrentados no Matrimônio não são grandes questões, mas pequenos entraves criados a partir da nossa carência afetiva e do nosso egoísmo. Essas sutilezas nos fazem querer ser o centro das atenções, fechando-nos em nosso mundo, achando que a vida se resume apenas em meus desejos e nas minhas vontades.

É claro que todos nós queremos ser felizes no casamento; acontece que encontramos essa felicidade não só recebendo, mas doando o nosso amor, sendo amor para o outro – essa é a verdadeira vocação.

Para que fique mais claro isso que estou dizendo, imagine um sacerdote que foi ordenado padre para ser um outro Cristo e doar sua vida pela Igreja, gastando-se dia a dia nas celebrações eucarísticas, nas confissões, nas visitas ao doentes, entre outras atribuições. Lembro-me agora de tantos padres santos que marcaram e marcam a minha vida, como meu querido pai espiritual Mons. Jonas Abib, que se fez tudo para todos, gastando sua vida pela evangelização e construção do reino de Deus; imagine que esse padre se fechasse e, ao invés de se doar, ficasse esperando receber o amor das pessoas – isto é, esperando ser amado para amar. Se ele, por exemplo, se negasse a celebrar a Eucaristia ou atender confissão por se sentir cansado dos defeitos do seu povo pecador, estaria completamente equivocado quanto à sua missão, pois foi justamente para santificar o povo e redimi-lo é que ele se fez padre, e é no ato de consumir sua vida e entregar tudo sem reservas é que ele encontra a felicidade verdadeira de pertencer a Deus, o caminho de santidade.

Assim também é a vocação do Matrimônio que cada casal recebeu de Deus. A nossa vocação é para toda a vida; não podemos desistir do outro no meio do caminho, é preciso chegar até o fim. Encontramos a felicidade em gastar a nossa vida para fazer a outra pessoa feliz, saindo de nós mesmos em direção a ela e, assim, simultaneamente os dois serão felizes.

E tudo isso se faz com paciência. Infelizmente, muitos casais desistiram um do outro porque faltou a paciência e o amor. Vivemos um tempo em que as pessoas estão extremamente intolerantes umas com as outras. Estamos sendo condicionados a eliminar as pessoas da nossa vida: "Não deu certo? Termina!".

O Papa Francisco, ao celebrar o Matrimônio de vinte casais da diocese de Roma, na Basílica de São Pedro, assegurou que o Matrimônio é símbolo da vida real, não é uma novela.

Recordando o que a primeira leitura dizia sobre o caminho do povo no deserto, no qual havia principalmente famílias, pais, mães, filhos, avós, homens e mulheres de todas as idades, que sentiam dificuldade em caminhar, o Santo Padre disse que esse povo lembra a Igreja em caminho no deserto do mundo atual – o povo de Deus, que é composto em sua maioria por famílias.

A certa altura, o povo não suportou o caminho no deserto, começando então a se queixar e a protestar contra Deus e contra Moisés, dizendo: "Por que nos fizestes sair do Egito?". Essa, disse o Papa, é a tentação de voltar atrás, de abandonar o caminho. Isso nos faz pensar nos casais que não suportam o caminho da vida conjugal e familiar. Por causa da fadiga e do cansaço interior, perdem o gosto do Matrimônio, deixam de ir buscar água na fonte do Sacramento e, por consequência, a vida torna-se pesada e, muitas vezes, nauseante.

O Papa frisou, então, que conforme a Palavra de Deus, naquele momento de extravio chegaram as serpentes venenosas que morderam as pessoas, e muitas morreram. Esse acontecimento provocou o arrependimento no povo, que pede perdão a Moisés, suplicando-lhe que reze ao Senhor para afastar as serpentes. Moisés, então, pede ao Senhor, que lhe dá o remédio: uma serpente de bronze, pendurada num poste. Quem olhar para ela ficará curado do veneno mortal das serpentes. O que significa esse símbolo? Que Deus não elimina as serpentes, mas oferece o antídoto: por meio daquela serpente de bronze feita por Moisés, Deus transmite a sua força que cura, ou seja, a sua misericórdia, que é mais forte que o veneno do tentador.

Como nos diz o Evangelho, Jesus identificou-se com esse símbolo. Na verdade, por amor, o Pai entregou aos homens Jesus, o seu Filho Unigênito, para que tenham a vida. Quem se entrega a Jesus crucificado recebe a misericórdia de Deus que cura do veneno mortal do pecado.

O Papa disse, ainda, que o remédio que Deus oferece vale também e de modo particular para os casais que não "suportam o caminho" e acabam mordidos pelas tentações do desânimo, da infidelidade, do retrocesso, do abandono.

> Também a eles Deus entrega o seu Filho Jesus, não para os condenar, mas para os salvar: se se entregarem a Jesus, Ele os cura com o amor misericordioso que jorra da sua cruz, com a força de uma graça que regenera e põe de novo a caminhar pela estrada da vida conjugal e familiar. O amor de Jesus que abençoou e consagrou a união dos esposos, é capaz de manter o seu amor e de o renovar quando humanamente se perde, rompe, esgota, restituindo a alegria de caminharem juntos. Pois o Matrimônio é isto mesmo: o caminho conjunto de um homem e de uma mulher, este é o dever que tendes entre vós. É a reciprocidade das diferenças. Não é um caminho suave, sem conflitos, não! Não seria humano. É uma viagem laboriosa, por vezes difícil, chegando mesmo a ser conflituosa, mas isto é a vida.

E continuou o Papa:

> No meio desta Teologia que a Palavra de Deus nos oferece sobre o povo a caminho, um pequeno conselho: é normal que os esposos

> briguem, é normal! Mas vos dou um conselho: nunca deixeis de terminar o dia sem fazer as pazes. Ante as brigas, devemos procurar a paz no Matrimônio, e assim continuar a caminhar. O Matrimônio é símbolo da vida real e não de uma novela. É o Sacramento do amor de Cristo e da Igreja, um amor que tem na cruz a sua confirmação e garantia. Existirão cruzes, existirão, mas o Senhor sempre estará lá para nos ajudar a seguir em frente. Que o Senhor vos abençoe!

Antes de me casar com a Fábia, conheci a história de um casal que tinha completado cinquenta anos de casamento, e que dizia ter como segredo de sua união o fato de nunca irem dormir brigados um com outro, e sempre se reconciliarem diante de uma cruz que tinham no seu quarto, antes de se deitarem.

Diante desse testemunho, eu fiz questão de comprar uma cruz e levá-la ao altar no dia do nosso Matrimônio, a qual foi abençoada e que trazemos conosco em nosso quarto. É diante dela que nos ajoelhamos para pedir perdão, nos reconciliar e ser curados das mordidas das serpentes que estão pelo caminho, do pecado que em nós habita. É diante da cruz que já chorei amargamente por não conseguir realizar o bem que gostaria, e acabar fazendo o mal à minha esposa, e diante dela recobrei as forças para continuar, pois é impossível olhar para a cruz de Jesus e dizer: "Eu não aguento mais, Senhor, estou sofrendo muito...". Olhando para cruz, vemos que ainda não lutamos até o sangue pelo nosso Matrimônio, que ainda não demos tudo, que podemos mais. O Seu amor nos assegura a fidelidade do amor de Deus que caminha conosco, que não desiste de nós.

O que Deus uniu, o homem não separe. (Mc 10,9)

> Amor fiel e exclusivo, até à morte. Assim o concebem, efetivamente, o esposo e a esposa no dia em que assumem, livremente e com plena consciência, o compromisso do vínculo matrimonial. Fidelidade que por vezes pode ser difícil; mas que é sempre nobre e meritória, ninguém o pode negar. O exemplo de tantos esposos, através dos séculos, demonstra não só que ela é consentânea com a natureza do Matrimônio, mas que é dela, como de fonte, que flui uma felicidade íntima e duradoura. (*Humanae Vitae* 9)

O modelo de cada casal cristão será sempre o Senhor Jesus; Ele é a testemunha fiel que, mesmo em meio às infidelidades do seu povo, não desiste dele e permanece fiel. Por isso, o amor dos cônjuges foi elevado por Cristo à condição de Sacramento, porque é exigente. Necessitamos da Sua graça para sermos fiéis.

Não é fácil ser fiel no mundo em que vivemos, onde prevalece a cultura do descartável e do "amor" egoísta, que busca a todo o instante o prazer por prazer e somente a realização pessoal. E, nesse cenário onde falta espaço para o amor verdadeiro, quem é fiel se sente ridicularizado e antiquado, um peixe fora d'água. Mas, justamente por isso, temos um modelo a imitar, e muito mais que isso, um Deus que caminha conosco e que nos dá a sua graça para sermos fiéis à nossa vocação e fugirmos das tentações e ilusões deste mundo.

A comunhão conjugal caracteriza-se não só pela unidade, mas também pela sua indissolubilidade:

> Esta união íntima, já que é dom recíproco de duas pessoas, exige, do mesmo modo que o bem dos filhos, a inteira fidelidade dos cônjuges e a indissolubilidade da sua união. (*Gaudium et spes* 48)

> É dever fundamental da Igreja reafirmar vigorosamente a doutrina da indissolubilidade do Matrimônio: a quantos, nos nossos dias, consideram difícil ou mesmo impossível ligar-se a uma pessoa por toda a vida e a quantos, subvertidos por uma cultura que rejeita a indissolubilidade matrimonial e que ridiculariza abertamente o empenho de fidelidade dos esposos, é necessário reafirmar o alegre anúncio da forma definitiva daquele amor conjugal, que tem em Jesus Cristo o fundamento e o vigor. (FC 20)

Sem Deus, é impossível sermos felizes por toda a vida. Em Jesus, recobramos a energia e a esperança de cada dia para ser fiéis; é Dele que nos vem a graça necessária. É Ele quem nos dá um coração novo, capaz de superar as dificuldades e compartilhar plenamente o amor.

> Radicada na doação pessoal e total dos cônjuges e exigida pelo bem dos filhos, a indissolubilidade do Matrimônio encontra a sua verdade última no desígnio que Deus manifestou na Revelação: Ele quer e concede a indissolubilidade matrimonial como fruto, sinal e exigência do amor absolutamente fiel que Deus Pai manifesta pelo homem e que Cristo vive para com a Igreja. Testemunhar o valor inestimável da indissolubilidade e da fidelidade matrimonial é uma das tarefas mais preciosas e mais urgentes dos casais cristãos do nosso tempo. Por isso, louvo e encorajo os numerosos casais que, embora encontrando não pequenas dificuldades, conservam e desenvolvem o dom da indissolubilidade: cumprem desta maneira, de um modo humilde e corajoso, o dever que lhes foi confiado de ser no mundo um "sinal" – pequeno e precioso sinal, submetido também às vezes à tentação, mas sempre renovado – da fidelidade infatigável com que Deus e Jesus Cristo amam todos os homens e cada homem. Mas é também imperioso reconhecer o valor do testemunho daqueles cônjuges que, embora tendo sido abandonados pelo consorte, com

a força da fé e da esperança cristã, não contraíram uma nova união. Estes cônjuges dão também um autêntico testemunho de fidelidade, de que tanto necessita o mundo de hoje. Por isto mesmo devem ser encorajados e ajudados pelos pastores e pelos fiéis da Igreja. (FC 20)

Esta insistência inequívoca na indissolubilidade do vínculo matrimonial pôde criar perplexidade e aparecer como uma exigência impraticável. No entanto, Jesus não impôs aos esposos um fardo impossível de levar e pesado demais, mais pesado que a Lei de Moisés. Tendo vindo restabelecer a ordem original da criação, perturbada pelo pecado, Ele próprio dá a força e a graça de viver o Matrimônio na dimensão nova do Reino de Deus. É seguindo a Cristo, na renúncia a si próprios e tomando a sua cruz, que os esposos poderão "compreender" o sentido original do Matrimônio e vivê-lo com a ajuda de Cristo. Esta graça do Matrimônio cristão é fruto da cruz de Cristo, fonte de toda a vida cristã. (CIC 1615)

O pecado do adultério

Há outra coisa que fazeis: vós cobris de lágrimas, de choros e gemidos o altar do Senhor, porque Ele já não dá atenção às suas ofertas nem as aceita com prazer. E vocês ainda perguntam: "Por quê?". É porque o Senhor é testemunha entre você e a mulher da sua juventude, a quem traíste. É ela a tua companheira, a esposa com a qual tens compromisso. Não foi o Senhor que os fez um só? Em corpo e em espírito eles lhe pertencem. E por que um só? Porque Ele desejava uma descendência consagrada. Vigiai vossos impulsos para não serdes infiéis à esposa da vossa juventude. "Eu odeio o divórcio", diz o Senhor, o Deus de Israel; "É cobrir de crime o próprio manto", diz o Senhor dos exércitos. Vigiai vossos impulsos para não serdes infiéis. (Ml 2,13-16)

O ADULTÉRIO É FALTA GRAVE; ao falar dele, o Catecismo da Igreja Católica diz:

> Cristo condena o adultério mesmo de simples desejo (cf. Mt 5,27-28). O sexto mandamento e o Novo Testamento proscrevem absolutamente o adultério (cf. Mt 5,32;19,6; Mc 10,11-12; 1Cor 6,9-10).

Os profetas denunciam sua gravidade. Veem no adultério a figura do pecado de idolatria (Os 2,7; Jr 5,7;13,27). (CIC 2380)

O adultério é uma injustiça. Quem o comete falta com seus compromissos. Fere o sinal da Aliança que é o vínculo matrimonial, lesa o direito do outro cônjuge e prejudica a instituição do casamento, violando o contrato que o fundamenta. Compromete o bem da geração humana e dos filhos que têm necessidade da união estável dos pais. (CIC 2381)

A traição é pecado porque, toda vez que traímos a confiança da pessoa que nós amamos, nós a machucamos. E uma das dores emocionais mais devastadoras é a de ter sido traído pelo cônjuge. Infelizmente, muitos acham normal trair, mas – meu Deus do céu! – quantos relacionamentos estão morrendo, quantas feridas na vida de quem traiu e de quem foi traído! Quantos matrimônios destruídos, quantas famílias dizimadas por esse pecado terrível!

O Matrimônio é o símbolo e uma realidade humana da relação fiel do Senhor com o seu povo, de forma que o adultério suja essa relação. Nenhum pecado tem justificativa e, menos ainda, o do adultério. Às vezes, justifica-se tal ato com uma suposta lógica humana, dizendo: "Todo mundo faz...".

O demônio é mestre em fazer o mal com aparência de bem, em iludir as pessoas com esses pensamentos. Mas não devemos nos esquecer que somos cristãos e que não devemos seguir a lógica deste mundo, que quer levar os filhos e filhas de Deus à destruição, pois o fruto do pecado é sempre a morte.

Tu, pois, meu filho, fortifica-te na graça que há em Cristo Jesus; e o que de mim ouviste de muitas testemunhas, transmite-o a

> homens fiéis, que sejam idôneos para também ensinarem os outros. Sofre comigo como bom soldado de Cristo Jesus. Nenhum soldado em serviço se embaraça com negócios desta vida, a fim de agradar àquele que o alistou para a guerra. E também se um atleta lutar nos jogos públicos, não será coroado se não lutar legitimamente. O lavrador que trabalha deve ser o primeiro a gozar dos frutos. Considera o que digo, porque o Senhor te dará entendimento em tudo. Lembra-te de Jesus Cristo, ressurgido dentre os mortos, descendente de Davi, segundo o meu evangelho, pelo qual sofro a ponto de ser preso como malfeitor; mas a palavra de Deus não está presa. Por isso, tudo suporto por amor dos eleitos, para que também eles alcancem a salvação que há em Cristo Jesus com glória eterna. Fiel é esta palavra: Se, pois, já morremos com ele, também com ele viveremos; se perseveramos, com ele também reinaremos; se o negarmos, também ele nos negará; se somos infiéis, ele permanece fiel; porque não pode negar-se a si mesmo. (2Tm 2,1-13)

É a Palavra de Deus que deve iluminar os nossos pensamentos e guiar os nossos passos; o mundo, ao contrário, com as suas ilusões, nos levará a ser cada vez mais infiéis e infelizes, com tanta permissividade e impureza destruindo o templo de Deus nos corações e nas famílias.

Quantos homens têm caído no pecado porque, para muitos deles, por exemplo, a vida consiste em trabalhar e depois, nas horas vagas, extravasar, se divertir, beber com os amigos e desfrutar dos prazeres da vida longe da esposa. No meio de tudo isso, a falta de espiritualidade e vigilância permite a entrada da imoralidade sexual, de músicas profanas que tratam com a maior naturalidade em suas letras da traição e do sexo livre, e que começam a fazer parte das suas vidas, mudando sua maneira de pensar; logo, já sem muitos critérios, esses homens se permitem também acessar vídeos e revistas pornográficas, e olhar com malícia para outras mulheres – situações que, aparentemente pela lógica desse mundo, são normais.

No meio desse cenário, os homens acabam se envolvendo com mulheres que mexem com a sua cabeça, mostrando-lhes mais atração e "amor", menos idade, mais prazer e menos aborrecimento. E, sem o auxílio da graça de Deus, eles caem no pecado e começam a descer a ladeira da permissividade moral, até deixarem a verdadeira esposa.

Infelizmente, exemplos como esses são comuns. Estou convencido de que, das causas do adultério, a mais frequente é a falta de uma vivência religiosa profunda por parte de muitos homens, que deixaram de rezar e vigiar e, por isso, são facilmente iludidos. Sem Deus não há fidelidade, castidade nem amor.

O adultério faz mal e pode levar o casal ao divórcio. Por isso, a palavra que lemos do livro de Malaquias diz que é preciso vigiar os nossos impulsos para não sermos infiéis. Deus criou a família para que ela seja santa, e dela nasça uma descendência de consagrados ao Senhor. Veja que lindo o plano de Deus: Ele quer que tenhamos uma família feliz e abençoada, e que dela nasça uma geração de filhos felizes, consagrados ao Senhor num lar estável, construído na rocha que é Jesus. O adultério, longe de ser uma solução para os problemas próprios de cada cônjuge, destrói os planos de Deus para o Matrimônio e mancha a vida daquele que o cometeu.

Deus nos ama e quer que cada casal viva a essência do que é o Matrimônio e a família segundo Deus, e não segundo a lógica deste mundo. É preferível fazer sacrifícios e renúncias para ter uma consciência limpa, tranquila e pura, que ter o que o mundo oferece, mas com remorsos e longe da salvação.

Jesus disse: "Nem todo aquele que me diz 'Senhor, Senhor' entrará no Reino dos Céus, mas sim aquele que faz a vontade do meu Pai" (Mt 7, 21). Qual é a vontade do Pai? Respeitar o vínculo sacramental, ser fiel – apesar de tudo – e construir uma descendência de consagrados. Essa é a vontade de Deus desde o princípio.

Em uma relação adúltera não há amor. Não pode haver amor em meio ao pecado; podem chamar isso de paixão, carência, necessidade de sexo, busca de proteção, mas não de amor.

Deus é amor (1Jo 4,8) e, por isso, o amor só pode estar realmente em relações abençoadas por Ele, nas quais se respeita a sua presença.

Como evitar esse mal?

Em primeiro lugar, é preciso estar cientes da nossa condição humana frente ao pecado. Ninguém cai no pecado do adultério de uma hora para outra; a pessoa vai aos poucos dando lugar ao pecado, aos pensamentos, às ilusões, até ser seduzido e chegar ao ato propriamente dito. E isso pode acontecer com qualquer um de nós; é por essa razão que São Paulo diz: "Quem está de pé, cuide para não cair" (1Cor 10,12).

A traição, antes mesmo de acontecer nos corpos, começa na forma como nos tratamos no dia a dia, quando já não somos capazes de fazer o melhor para o outro; quando somos egoístas, deixando que o orgulho a mágoa se instalem no nosso coração. Por isso, a atenção e o carinho constantes com o outro e tudo o que alimenta o amor conjugal são tão importantes, e devem ser cultivados no dia a dia. É muito difícil um casal se manter fiel um ao outro se faltar para eles a vida espiritual e o cultivo do amor. Evidentemente, cada um deve fazer sua parte para que o cônjuge não seja levado ao adultério.

Não podemos ser ingênuos; com o pecado não se brinca. A nossa vida é uma constante luta, e precisamos estar atentos às escolhas que fazemos.

A tentação está aí para nos seduzir e nos empurrar para o adultério, através de uma sexualidade cada vez mais provocante, presente nas músicas, filmes, internet, televisão, roupas, entre outros. E, de outro lado, temos as inseguranças e os problemas conjugais que criam circunstâncias que muitas vezes empurram os cônjuges para o adultério.

Quantos cônjuges caíram no pecado do adultério dessa forma; talvez insatisfeitos com seu casamento, não sabendo resolver os problemas próprios do relacionamento e sem buscar ajuda com pessoas certas, com o coração ferido e magoado, vivendo na solidão – apesar de estarem acompanhados – foram dando lugar às ilusões e pensamentos, aos encantos de uma outra pessoa. Assim, foram, aos poucos, caminhando para a traição.

A Igreja, como mãe, nos ensina algo muito importante sobre a nossa condição de pecadores mostrando que, depois do pecado original, a nossa carne ficou fragilizada e tendenciosa ao mal:

> Como consequência do pecado original, a natureza humana ficou enfraquecida nas suas forças e sujeita à ignorância, ao sofrimento e ao domínio da morte, e inclinada para o pecado, inclinação que se chama concupiscência. (CIC 418)

A concupiscência é a "fome de pecar" que existe em cada um de nós. Por mais que eu não peque, o pecado está em mim, tentando me arrastar e seduzir.

> O pecado está presente na história do homem. Seria vão tentar ignorá-lo ou dar outros nomes a esta obscura realidade. (CIC 386)

Por isso, Jesus foi firme com relação ao cuidado que devemos ter com o nosso olhar e com nossos pensamentos, porque sabe que somos fracos e que não podemos dar espaço algum para o pecado.

> Ouvistes o que foi dito: "Não cometerás adultério". Eu, porém, vos digo: todo aquele que olhar para uma mulher com desejo de possuí-la, já cometeu adultério com ela em seu coração. Se o teu olho direito te leva a pecar, arranca-o e lança-o fora de ti; pois te é mais proveitoso perder um dos teus membros do que todo o teu corpo ser lançado no inferno. (Mt 5,27-29)

Parece que Jesus estava exagerando, mas não está; o Senhor nos conhece, sabe do que somos feitos, sabe também do perigo de dar lugar a certos pensamentos e olhares, pois tudo começa aí.

Veja bem: toda invenção humana, por mais grandiosa e bela que seja, nasceu de uma ideia na cabeça de alguém, que depois a colocou no papel e projetou, até dar início a seu projeto. Quantas invenções, prédios, automóveis, aviões, as evoluções na Medicina, nas ciências e em tantas áreas só foram possíveis porque alguém teve uma inspiração, viu nela uma possibilidade e começou a executar seu plano passo a passo, até chegar à conclusão de sua obra.

Também com o pecado acontece assim; ninguém comete adultério de uma vez, existe um processo, e tudo começa com um pensamento. Por exemplo: um homem casado vê uma outra mulher passar na sua frente, sente uma atração, gosta da ideia, vê naquela situação uma possibilidade e então começa a se aproximar, tenta conhecê-la, consegue o número do telefone, faz planos com aquela pessoa, até se envolver e depois adulterar com ela.

Sentir não é pecado, mas consentir é. Então, no exemplo que eu acabei de mostrar, em que um homem casado viu uma mulher que lhe chamou a atenção, até esse ponto tudo bem, ainda não há pecado algum; o que ele vai fazer com aquele sentimento é que pode ou não se tornar pecado. Eu sempre digo aos homens que, quando eu vejo uma mulher bonita na minha frente, eu louvo a Deus pela sua beleza e tiro os olhos daquela direção. Sim, porque nenhum de nós está livre de cometer adultério; é preciso vigiar. A nossa carne é fraca, e os pensamentos, se não forem cortados assim que aparecerem, podem nos levar ao erro.

“A vista desperta a paixão dos insensatos” (Sb 15,5). Assim aconteceu com o grande rei Davi:

> Na primavera, época em que os reis saíam para a guerra, Davi enviou para a batalha Joabe com seus oficiais e todo o exército de Israel; e eles derrotaram os amonitas e cercaram Rabá. Mas Davi permaneceu em Jerusalém.
>
> Certo dia, ao entardecer, Davi levantou-se da cama e foi passear pelo terraço do palácio, e ali avistou uma mulher muito bonita tomando banho, e mandou alguém procurar saber quem era. Disseram-lhe: “É Betsabeia, filha de Eliam e mulher de Urias, o hitita”. Davi mandou que a trouxessem. Ela veio e ele se deitou com ela, que havia acabado de se purificar da sua menstruação. E ela voltou para casa. Tendo ficado grávida, mandou dizer a Davi: “Estou grávida”. (2Sm 11,1-5)

Davi deveria estar na guerra e não ali, dormindo à tarde. Então, andando pelo terraço, ele vê uma mulher muito bonita tomando banho. E o que ele faz naquele exato momento? Ele tira o olhar dela e se esforça para não olhar mais?

Não, Davi vê ali uma possibilidade, procura saber quem é e, mesmo sabendo que era casada, usa do seu poder de rei: pede para chamá-la e deita-se com ela. Ele tinha muitas outras mulheres, o que naquele tempo era permitido; não precisava se envolver com uma mulher casada. Mas a concupiscência, a fome do pecado, falou mais alto, seduziu Davi – o ungido do Senhor – e ele não fez nada para resistir. Foi profundamente egoísta, pensando somente em si, no prazer da sua carne. Tudo começou num olhar que o arrastou e seduziu... por isso Jesus disse que o pecado do adultério começa num olhar com desejo de possuir.

> Ninguém, ao ser tentado, deve dizer: "É Deus que me tenta", pois Deus não pode ser tentado pelo mal, e a ninguém tenta. Mas cada um é tentado por sua própria concupiscência, que o arrasta e o seduz. Em seguida, a concupiscência concebe, dá à luz o pecado; e o pecado, sendo consumado, gera a morte. (Tg 1,13-15)

É preciso que cada um faça a sua parte. Que o Senhor nos dê a graça de sermos vigilantes e atentos ao nosso modo de viver, para não darmos nenhum lugar ao pecado. Nossa vida é uma luta contra nós mesmos – contra a nossa carne tendenciosa ao mal, contra esse mundo malicioso e contra o demônio que quer destruir os casais e as famílias, porque sabe que eles são um bom projeto de Deus.

> Um duro combate contra os poderes das trevas atravessa toda a história dos homens. Tendo começado nas origens, há de durar – o Senhor no-lo disse – até ao último dia. Empenhado nesta batalha, o homem vê-se na necessidade de lutar sem descanso para aderir ao bem. Só através de grandes esforços é que, com a graça de Deus, consegue realizar a sua unidade interior. (GS 37,2)

Não deixe de lutar pela sua salvação e a salvação da sua família, e Deus te dará a vitória.

Conscientes da nossa realidade e da nossa fraqueza, rezemos:

A Cruz sagrada seja minha Luz.
Não seja o Dragão meu guia.
Retira-te Satanás,
Nunca me aconselhes coisas vãs.
É mal o que tu me ofereces,
Bebe tu mesmo do teu veneno.

Se o adultério já aconteceu, devo me separar?

Quando o amor fracassa – e fracassa muitas vezes – devemos sentir a dor desse fracasso, acompanhar a pessoa que tenha sentido o fracasso de seu amor. Não devemos condená-los. É preciso caminhar com eles. Devemos ficar perto dos irmãos e irmãs que sofreram o fracasso do amor em suas vidas.
(PAPA FRANCISCO)

Alguns fariseus aproximaram-se de Jesus para pô-lo à prova. E perguntaram-lhe: "É permitido ao homem divorciar-se de sua mulher por qualquer motivo?". Ele respondeu: "Vocês não leram que, no princípio, o Criador os fez homem e mulher e disse: 'Por essa razão, o homem deixará pai e mãe e se unirá à sua mulher, e os dois se tornarão uma só carne?'. Assim, eles já não são dois, mas sim uma só carne. Portanto, o que Deus uniu, ninguém separe". Perguntaram eles: "Então, por que Moisés mandou dar uma certidão de divórcio à mulher e mandá-la embora?". Jesus respondeu: "Moisés permitiu

> que vocês se divorciassem de suas mulheres por causa da dureza de coração de vocês. Mas não foi assim desde o princípio. Eu digo que todo aquele que se divorciar de sua mulher – fora o caso de união ilícita – e se casar com outra, estará cometendo adultério". (Mt 19,3-9)

Jesus indicou aos fariseus que no "princípio", isto é, na criação, a situação do Matrimônio não era aquela que se deu no tempo de Moisés. Moisés tinha concedido o repúdio não como um progresso espiritual, mas como um retrocesso devido à dureza do coração do seu povo. Ele quer restaurar o casamento segundo os planos do Criador. Diante dos fracassos que temos em nossas vidas e, principalmente, nos nossos relacionamentos, devemos ter sempre em mente a nossa vocação, o chamado que temos de amar até o fim, até que a morte nos separe.

Seu casamento não precisa acabar por causa dessa traição. Não é justo com a sua família. Há que se olhar o sentido da vida e da vocação que vocês assumiram. O adultério não deve ser automaticamente um motivo de separação do casal. Sempre é possível a mudança de vida, o arrependimento, o pedido de perdão e a retomada da felicidade. Especialmente o Sacramento da Confissão pode apagar a culpa e lavar os corações da mancha do pecado. Essa será uma ocasião de refletir sobre as possíveis situações que provocaram o adultério. Por que a outra pessoa caiu no adultério? Faltou amor, atenção, carinho conjugal? Faltou harmonia sexual, ou o perdão? Enfim, deve-se analisar tudo para resolver essas situações e possibilitar a reconciliação.

Em primeiro lugar, há que se ter o desejo de restaurar o próprio casamento; conheço mulheres corajosas que não desistiram do seu marido e sustentaram com muita oração e paciência o retorno do seu esposo. Não quiseram entregar seu marido a outras mulheres, porque acreditaram na força do Sacramento e quiseram levar o seu casamento até o fim e salvar sua família. Santa Mônica, que é lembrada por rezar e esperar pacientemente a conversão do seu filho Agostinho, orou e esperou também pacientemente a conversão do seu marido.

No filme *Santo Agostinho: o declínio do Império Romano*, há uma cena que mostra o diálogo de Mônica com seu marido Patrício, que estava doente de cama, quase no fim da sua vida. Patrício diz a Mônica: "Eu fui um péssimo marido, não fui?". Ela responde: "Você foi? Ainda é...". "Como conseguiu ficar comigo todo esse tempo?" – ele responde. Ela diz, então: "Aprendi a te perdoar e amo você como você é...". Entre lágrimas, ele diz: "Por que só agora eu descobri o verdadeiro significado do amor? Eu não quero mais ser quem eu sou... Eu quero ser batizado".

Monica, então, alegrou-se profundamente porque estava tendo agora uma das suas orações atendidas – a conversão do seu marido, que era pagão.

Patrício ganhou o céu por causa do amor, da paciência, da oração e da perseverança de Mônica. Ela teve todos os motivos para se separar dele, mas não o fez.

"Amar é levar o outro para o céu. Ou melhor, ainda: o amor é levar o céu para o outro." (Padre Léo)

Existem tantas Mônicas que hoje aguardam pacientemente a conversão de seus maridos, pois sabem que o pecado os cegou, e aguardam até que caiam em si e retornem para casa. É parte da missão do matrimônio que cada cônjuge reze pela conversão do outro e o ajude no seu processo de conversão, com paciência e muita oração.

Quantos maridos já voltaram para o seu lar, depois de uma aventura de "filho pródigo". Às vezes, é preciso esperar anos para que ele volte; assim como o filho pródigo, pode ser que ele caia em si e comece a pensar a voltar quando a saudade do verdadeiro lar começar a pesar, ou quando uma doença fizer o mundo dos encantos desabar diante dele, ou a ruína financeira atingi-lo... Enfim, qualquer que seja a situação, Deus é o maior especialista em tirar o bem do mal.

Por isso, você não pode deixar de rezar. "Orar sem cessar, sem jamais deixar de fazê-lo" (Lc 18,1) é a ordem de Jesus.

Talvez você seja a única pessoa neste mundo que possa fazer algo junto de Deus pela sua salvação e a do seu cônjuge. Enquanto ele não volta, viva a sua vida intensamente para Deus e para os outros. Viva para o bem dos seus filhos, dedique-se à sua família e a todos que precisarem de você. Não coloque toda a felicidade sobre uma pessoa; Deus é mais importante.

Deus realiza maravilhas quando rezamos e esperamos confiantes sua intervenção para nossa salvação. Do sim, da perseverança e da fidelidade de muitos homens e mulheres corajosos nasceram grandes santos. Conheço uma Mônica dos tempos atuais que, mesmo passando por muitas provações e sofrimentos com o adultério do seu marido, não o abandonou e foi fiel a ele até o fim. Rezando e esperando em Deus, conseguiu depois de muitos anos que ele se confessasse e, aos poucos, fosse tomando gosto pela oração do santo terço e voltasse para a Igreja. Com grande alegria e gratidão a Deus, ela pôde ver a conversão do seu marido. Do seu sim e da sua fidelidade, Deus fez nascer uma comunidade da qual os seus filhos fazem parte – um é sacerdote e fundador, e o outro é casado e cofundador, além dos outros filhos que são consagrados. Verdadeiramente, dessa família nasceu uma nação de consagrados ao Senhor, por causa da fidelidade dessa mulher que não abandonou o barco no meio das tempestades, mas o conduziu para Deus.

A Igreja, contudo, não fecha os olhos para as situações difíceis que muitos cônjuges vivem no seu Matrimônio. A Igreja diz que o Sacramento do Matrimônio é indissolúvel. Se foi válido, não se pode separar; se não foi válido, se a Igreja o declarou nulo, o casamento não existiu. No entanto, se o Matrimônio foi válido e acontece um adultério consumado, ou seja, a pessoa comete o adultério constantemente, a outra parte tem direito de se separar dela. O Código de Direito Canônico (Cf. cânones §1151-§1155) prevê que, se a pessoa é traída, e o outro não muda, não se converte, ela tem o direito de se separar – mas não tem o direito de se casar novamente.

A separação física não acaba com o casamento, não rompe o vínculo conjugal. É legítima defesa daquela pessoa que está sendo traída. Evidentemente, a Igreja sempre pede que se tente ao máximo a reconciliação.

Na Audiência Geral do dia 24 de junho de 2015, o Papa Francisco disse:

> Há casos em que a separação é inevitável; por vezes, pode tornar-se até moralmente necessária, quando se trata de defender o

> cônjuge mais frágil, ou os filhos pequenos, das feridas mais graves causadas pela prepotência e a violência, pela humilhação e a exploração, pela alienação e a indiferença. Relembrando o que o atual Código de Direito Canônico já prevê, desde 1983:
>
> Cân. 1153 – § 1. Se um dos cônjuges provocar grave perigo da alma ou do corpo para o outro ou para os filhos, ou de algum modo tornar a vida comum demasiado dura, proporciona ao outro causa legítima de separação (...)

O Código de Direito Canônico anterior a esse, de 1917, promulgado pelo Papa Bento XV, já decretava que é legítima a necessidade de *separação de corpos* em casos específicos, em que a convivência com o marido ou a mulher chegou a um ponto inaceitável de humilhação ou violência. Isso está registrado no capítulo VII, artigo II.

Porém, tanto o código de 1917 quanto o atual estabelecem que os casais separados permanecem unidos pelo vínculo indissolúvel do Matrimônio. Conforme Jesus ensinou, caso se unam a outra pessoa, cometem adultério. Que fique claro: quando a Igreja fala em "separação", ela não se refere de modo algum a "nulidade" ou fim dos laços matrimoniais, que só se desfazem com a morte do marido ou da mulher.

O Código do Direito Canônico diz também que, se está havendo um abuso do perdão, em que a pessoa afronta o Sacramento do matrimônio com várias traições, é lícito que a pessoa se separe.

> Cânon 1152: Embora se recomende vivamente que o cônjuge, movido pela caridade cristã e pela solicitude do bem da família, não

> negue o perdão ao outro cônjuge adúltero e não interrompa a vida conjugal, no entanto, se não tiver expressado ou tacitamente perdoado sua culpa, tem o direito de dissolver a convivência conjugal, a não ser que tenha consentido no adultério, lhe tenha dado causa ou tenha também cometido adultério. Existe perdão tácito se o cônjuge inocente, depois de tomar conhecimento do adultério, continuou espontaneamente a viver com o outro cônjuge com afeto marital; presume-se o perdão, se tiver continuado a convivência por seis meses, sem interpor recurso à autoridade eclesiástica ou civil.

A Igreja deixa claro que prefere o perdão para o adúltero – evidentemente, se a parte que o cometeu estiver arrependida e reconhecer sua culpa. Sobretudo o cônjuge cristão deverá lutar com todas as forças humanas e sobrenaturais para superar essa situação difícil, de forma que essa não seja a decretação do fim do Matrimônio, mas um momento de luta vivido com muito empenho e fé, sem se deixar levar pelo desespero e o desânimo. O casal precisará unir-se profundamente a Deus na oração e contar com a graça dos Sacramentos, principalmente da Eucaristia. Deus age quando rezamos.

Senhor Jesus, nós somos fracos e pecadores, e sem o Senhor, sem a Sua graça, não conseguiremos ser fiéis ao Seu plano de amor para cada um de nós.

Se erramos o caminho e nos desviamos da Sua vontade, Te pedimos agora a graça da reconciliação, do perdão e da paz. Que a alegria retorne à nossa casa e aos nossos corações. Envia o teu Santo Espírito para que Ele possa curar toda ferida causada pelo pecado que nos dividiu e machucou. Vem, Espírito Santo, unir novamente nossos corações no amor para que, fortalecidos em Ti, possamos lutar para aderir sempre ao bem e nunca mais sair da vontade de Deus. Amém.

Casais que alcançaram a santidade

Dedico esse último capítulo para apresentar o exemplo de casais que foram beatificados e canonizados pela Igreja, vivendo plenamente sua vocação ao Matrimônio. Todos nós somos chamados a ser santos no Matrimônio. Também para eles não foi fácil; a vida lhes reservou muitas provações, mas souberam vivenciar tudo com amor e por amor a Deus e aos seus familiares.

Luigi e Maria Beltrame Quattrocchi

Luigi Beltrame Quattrocchi (1880-1951) e Maria Corsini Beltrame Quattrocchi (1884-1965) foram o primeiro casal beatificado por João Paulo II, e isso aconteceu no dia 21 de outubro de 2001. De acordo com o Papa, viveram uma vida normal, mas de uma forma extraordinária.

Foi um acontecimento inédito na história da Igreja: um casal do século XX foi declarado beato; seus filhos estiveram presentes na beatificação dos pais, sendo que dois deles, sacerdotes, concelebraram com João Paulo II, na mesma Igreja onde cem anos antes seus pais deram-se uma ao outro em Matrimônio.

O Papa João Paulo II declarou, no momento da beatificação:

> Queridas famílias, hoje temos a singular confirmação de que é possível o caminho da santidade, seguindo juntos como casal. É possível, é lindo, é extraordinariamente frutuoso e é fundamental para o bem da família, da Igreja e da sociedade.

Sérgio Bernardini e Domenica Bedonni

Foram agricultores nas montanhas de Pavullo (Módena, Itália). Viveram e morreram santamente, sendo cônjuges e pais exemplares, mesmo em meio a tanta pobreza, sofrimento e sacrifício.

Tiveram dez filhos, dos quais oito se consagraram à vida religiosa. Cinco de suas filhas moças consagraram-se como Filhas de São Paulo; uma tornou-se ursolina, e dois filhos do casal tornam-se sacerdotes capuchinhos, sendo que o mais jovem tornou-se Arcebispo de Izmir, na Turquia.

Sérgio e Domenica sempre estiveram convencidos de que a família deve ser uma página viva e real do Evangelho. Com seus 52 anos de vida matrimonial, testemunharam como se pode crescer na fé e na vida interior, testemunhando fidelidade e coerência cristã.

Luis Martin e Maria Zélia Guérin

No dia 18 de outubro de 2015, o Papa Francisco canonizou os pais de Santa Teresinha, Luis Martin e Maria Zélia Guérin. Disse o Papa na homilia de canonização:

> Os Santos esposos Luis Martin e Maria Zélia Guérin viveram o serviço cristão na família, construindo dia após dia um ambiente cheio de fé e amor; e, neste clima, germinaram as vocações das filhas. O testemunho luminoso desses novos santos impele-nos a perseverar no caminho de um serviço alegre aos irmãos, confiando na ajuda de Deus e na proteção da Virgem Maria. Que eles, do céu, velem sobre nós e nos apoiem com sua poderosa intercessão.

* * *

Esses casais nos dão o exemplo de que é possível viver o ordinário de modo extraordinário. Seu testemunho de vida nos confirma que o caminho de santidade percorrido como casal cristão é possível e belo, mesmo em meio a dores e provações.

Peçamos ao Senhor a graça de existirem cada vez mais casais que, seduzidos por Cisto e cheios do Espírito Santo, façam transparecer, na santidade da sua vida, toda a beleza do amor conjugal manifestado através do Sacramento do Matrimônio. E que cresça de forma generosa o número de casais beatificados e canonizados pela Igreja, para que os casais tenham modelos a seguir e intercessores a quem suplicar.

Que Deus abençoe você, sua casa, sua família, e que, ao finalizar a leitura deste livro, você tenha a graça de fazer uma nova leitura de sua própria vida e decidir-se a ser fiel à vocação e ao chamado do Senhor, fazendo do sim dado ao Matrimônio, *Um sim para sempre!*

Leia também:

ADRIANO & LETÍCIA GONÇALVES
Agora e para Sempre
Como viver o amor verdadeiro
petra

Cleto Coelho e Carla Astuti
CASAMENTO
FORTALECIDO
SEXUALIDADE É FONTE DE ALEGRIA E DE PRAZER
AMOR, SEXO E DIÁLOGO

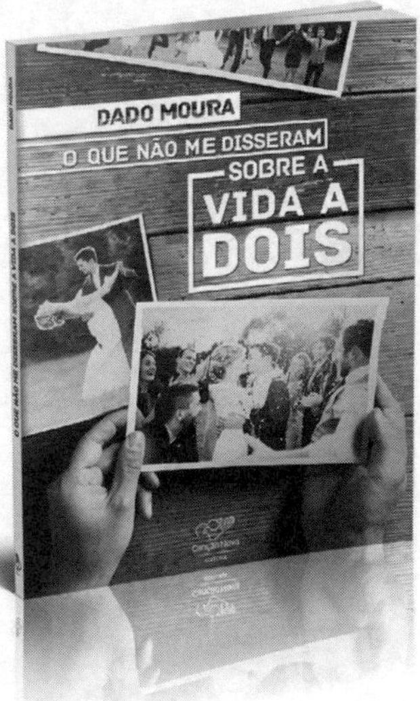
DADO MOURA
O QUE NÃO ME DISSERAM
SOBRE A
VIDA A
DOIS

A fonte utilizada no miolo é Adobe Garamond Pro.
O papel do miolo é Offset 63g/m² e o da capa é Cartão 250g/m².